KB090256

마르크스,
서울에 오다

탐 철학 소설 10

마르크스, 서울에 오다

초판 1쇄	2014년 2월 19일
초판 5쇄	2024년 11월 20일

지은이	박홍순
펴낸이	이재일

책임 편집	황여진
마케팅	강백산, 강지연
디자인	땡스북스 스튜디오, 유민경
표지 일러스트	박근용

펴낸곳 토토북
출판등록 2002년 5월 30일 제2002-000172호
주소 04034 서울시 마포구 잔다리로7길 19, 명보빌딩 3층
전화 02-332-6255
팩스 02-6919-2854
홈페이지 www.totobook.com
전자우편 totobooks@hanmail.net
인스타그램 totobook_tam

ISBN 978-89-6496-179-7 44100
ISBN 978-89-6496-136-0 44100 (세트)

마르크스,
서울에 오다

박홍순
지음

01
탐
철학
소설

탐

차례

왜 다시 마르크스인가?

21세기인 지금, 마르크스를 이해하는 일이 필요할까? 20세기 말에 이미 소련을 비롯한 동구 사회주의권이 무너지고 자본주의가 승리하면서, 마르크스는 흘러간 옛 인물에 불과하지 않느냐는 의견이 있을 수 있다. 실제로 지난 20여 년 사이에 벌어진 마르크스에 대한 조롱과 비난은 시대적 대세로 느껴질 정도였다. 특히 청소년에게 마르크스는 더욱 낯설다. 교과서에서 마르크스를 언급조차 하지 않는다 해도 과언이 아닐 정도로, 그의 이름을 찾아보기 힘들다. 학문과 실제 현실에 마르크스가 끼친 영향을 고려한다면, 너무 부당하다 싶을 정도로 그는 외면되어 왔다.

마르크스에 다시 주목하고, 그의 문제의식을 이해하는 일이 여전히 중요한 이유는 크게 두 가지로 나누어 살펴볼 수 있다. 먼저 현실적인 측면이다. 현대 사회의 각 분야에서 위기가 나타나고, 자본주의 자체에 대한 본질적 고민이 필요해졌다. 자본주의에 대한 원리적 분석을 할 때, 마르크스를 빼놓고는 한발도 진전하기 어렵다.

무엇보다 전 세계적으로 빈부 격차 문제가 점차 심각해지고 있다. 세계 인구의 14%에 해당하는 8억 4천만 명의 사람이 만성적인 기아에 허덕이고, 매일 1만 1천여 명의 어린이가 영양실조로 죽는다. 유엔개발계획(UNDP) 보고서에 따르면, 세계 인구 가운데 부유한 20%가 전체 소득의 80%가량을 차지한 반면, 가난한 20%는 전체 소득의 고작 0.5%를 차지할 뿐이다. 최근 30년 사이에 격차가 두 배로 늘어났다는 점에서 현실은 더 암울하다.

자본주의 자체가 지닌 혼란과 각종 사회 문제도 심각하다. 자본주의의 승리를 경축하는 환호성의 여운이 가시기도 전에, 도처에서 위기 현상이 나타나고 있다. 유럽의 몇몇 나라에서 외환 위기 우려가 끊이지 않고, 미국도 금융 위기로 몸살을 앓고, 일본은 20여 년 가까이 경제 침체에서 벗어나지 못하는 상황이다. 세계 시장을 엄습하는 주가 폭락, 환율 위기를 비롯해 국제적 긴장의 고조, 전쟁과 테러, 인류의 생존 가능성에 의문을 던지게 하는 심각한 환경 파괴 등이 수시로 일어나고 있다. 이 모든 현상의 원인을 정확히 파악하고 대안을 모색하기 위해서는 마르크스가 던진 문제의식을 재검토하는 과정이 필요하다.

다음으로 학문적인 측면이다. 마르크스의 학문적 영향은 경제학만이 아니라 철학, 역사학, 정치학, 사회학 등 거의 대부분의 인문사회학 분야에 걸쳐서 나타난다. 옹호하는 입장이든 반대하는 입장이든 마르크스 이론에 대한 이해 없이는 인문·사회학에 대한 기본을 파악하기도 어렵다. 나아가서 법과 도덕, 문화와 예술, 경제와 정치

등 각 영역의 관계를 생각하려 해도 마르크스에 대한 이해는 필수적
이다.

　문제는 대부분의 고전이 그러하듯 마르크스의 사상도 접근하기
가 쉽지 않다는 것이다. 특히 마르크스 이해의 핵심이라 할 수 있는
《자본론》은 방대한 분량만큼이나 난해한 내용 때문에 성인도 다가서
기 어렵다. 청소년이라면 더 말할 것도 없다. 이 소설은 청소년도 꼼
꼼하게 읽고 생각한다면 충분히 마르크스의 사상을 이해할 수 있도
록 일상생활에서 접할 수 있는 가상의 상황과 대화로 구성했다. 마르
크스에 다가 오려는 학생에게 도움이 되길 바란다.

2014년 2월
박홍순

오늘도 아빠랑 싸웠다

우울한 기분이 도통 가라앉지 않는다. 다른 때는 기분이 안 좋다가도 상큼한 레모네이드를 한 잔 마시면 좀 나아지곤 했는데, 오늘은 계속 답답하다. 한 시간째 혼자 커피숍 창가에 앉아 길거리를 멍하게 바라보고 있다. 분주하게 길을 걷는 사람들의 모습을 지켜보는 것도 이제 슬슬 지겨워진다. 아침부터 이게 뭔가 싶다.

아침에 아빠랑 싸웠다. 요즘 들어 아빠랑 자주 부딪히게 된다. 고등학교에 들어간 후로 간섭이 더 심해지셨다. 중학생이었던 작년까지만 해도 막연하게 공부 잘하라는 형식적인 말 정도였다. 시험 기간이 아니면 뭐라 그러시는 일도 없었다. 너무 늦게 나다니지 말라는 정도의 잔소리만 들었는데, 그나마도 아빠가 나보다 늦게 들어오는 날이 많았으니 이래저래 부딪힌 기억이 거의 없다.

불과 1년 사이에 아빠와 내 사이는 서먹해졌다. 아빠가 집에 있을 때면 되도록 마주치지 않으려 한다. 불가피한 경우가 아니면 방 밖으로 잘 나오지 않는다. 자꾸 충고 비슷한 말을 하기 때문이다. 제일 짜증나는 건 내 진로에 대해 이래라저래라 하는 말이다. 나는 학교 수업 중에 역사 공부 말고는 별로 흥미가 없어서 대학을 가더라도 역사와 관련된 학과에 가고 싶은 마음뿐이다. 그런데 아빠는 내 꿈을 자꾸 핀잔한다.

오늘 아침만 해도 그렇다. 일요일이라서 부모님과 모두 같이 식탁에 앉았다. 보통 때는 아빠가 더 일찍 출근해야 하고, 나도 학교 갈 준비를 하느라 정신이 없어서 대화를 나눌 시간조차 별로 없다. 저녁 때는 아빠가 보통 늦게 퇴근하고 나는 나대로 학원에서 공부하다 밤 10시가 넘어야 집에 오니까 더 여유 시간이 없다. 원래는 토요일이나 일요일도 아침부터 학원에서 지내야 하니 얼굴 볼 일도 드물다. 요즘은 학교 방학 기간이라 휴일이면 아무래도 집에 같이 있는 시간이 많은데 갈수록 대화가 거북하다.

오늘 아침에도 밥 먹다 말고 아빠의 잔소리가 시작됐다.

"예슬아."

"응."

"공부 열심히 해야 된다."

"…."

"그래야 경영대를 갈 수 있으니까!"

"…."

"고등학교 1학년 때가 제일 중요해. 이때 성적이 뒤처지면 점점 따라가기 어렵거든."

"…."

또 그놈의 경영대 타령이 시작됐다. 아빠는 나에게 공부랑 경영대 얘기 말고는 할 말이 없나보다. 허구한 날 입만 열었다 하면 그 이야기이다.

"예슬아, 아빠 말 듣고 있니?"

"응."

"그런데 왜 대답을 안 해? 아빠 말 알아들었지?"

"뭐, 그냥 할 말이 별로 없어서…."

"지금 이거보다 더 중요한 게 뭐 있다고 할 말이 없다는 거냐?"

그냥 무시하고 넘어가려고 했는데, 도저히 안 되겠다 싶은 마음이 들었다. 아빠 성격에 한번 말을 시작하면 끝을 보려 하시니 반발심이 생길 수밖에 없다.

"아빠! 난 경영대 갈 생각도 없고 갈 수도 없어."

"왜?"

"그냥! 내가 알아서 할래."

"그냥이 뭐야?"

"경영대는 싫어!"

"아니, 예슬이 너. 또 그 역사 공부 얘기하려고 하니?"

"그게 어때서? 제일 재미있는걸."

"역사학과 나와서 뭘 할 게 있다고? 거기는 취직이 안 된다고 몇 번을 말해야 알아듣겠니?"

"그래도 싫은 걸 어떡해! 역사 공부 말고는 재미가 없어."

"세상에 자기 하고 싶은 걸 하면서 사는 사람이 얼마나 있겠니?"

"경영대 가려면 수학을 잘해야 하는데, 나는 수학이 싫어. 잘하지도 못하고."

"그거야 네가 열심히 안 하니까 그렇지!"

"하고 싶어야 열심히 하지."

"아니, 공부를 하고 싶어서 하는 사람이 어디 있어! 해야 하니까 하는 거지. 다들 그러는데 뭘 그렇게 유난을 떨어?"

"아빠는 왜 다른 애들이랑 나를 비교해?"

"비교는 뭔 비교야, 다 너 잘되라고 하는 말이지!"

"그냥 내가 하고 싶은 대로 놔두면 안 돼?"

"다 세상을 겪어 봐서 하는 말이야. 역사학과는 대학 나와서 써먹을 데가 없어. 그냥 시간 낭비, 돈 낭비하는 거지. 경영대를 나와야 아빠처럼 대기업에 취직하기가 수월하거든."

아빠는 매사에 자신만만한 사람이다. 현재 대기업 과장으로 일하는데 몇 년 안에 부장으로 진급할 가능성이 있다고 기대에 잔뜩 부풀어 있다. 중고등학생 때 공부를 잘해서 좋은 대학 경영학과에 진학하고, 졸업해서는 남들이 부러워하는 대기업에 들어가서 지금까지 15년 이상 일하고 있다. 말 그대로 그동안 단 한 순간도 한눈 판 적이 없는 성실한 회사원이다. 회사와 자신의 경쟁력에 대한 자부심이 대단하다. 하지만 그건 아빠의 인생이고, 왜 나한테 똑같은 길을 요구하느냔 말이다.

"아, 몰라! 아빠는 아빠고, 나는 나야!"

"얘가, 아빠한테 그게 뭔 말버릇이니!"

날 나무라는 엄마의 말이 곧바로 귀를 때렸다. 엄마는 항상 이런 식이다. 아빠랑 부딪히는 일이 있으면 언제나 내게 화살을 돌렸다. 아빠한테는 불만이 있어도 말도 잘 못하시면서, 내게는 걸핏하면 큰소리를 치신다. 그럴 때면 기분이 좋지 않다.

엄마를 볼 때마다 저렇게 소극적으로 살지는 말아야지 하는 생각이 든다. 서울의 꽤 이름 있는 대학을 졸업하고 잠시 직장을 다니다가 아빠랑 결혼하고 날 낳은 후로는 지금까지 줄곧 집에만 계셨다. 집에서 살림만 할 거였으면 뭐 하러 애써 대학을 졸업했는가 싶다. 대학 동창이나 같은 아파트에서 알고 지내는 아줌마를 만날 때, 2~3일에 한 번 장을 보러 마트에 갈 때를 빼곤 거의 집에 계신다. 나라면 답답해서 못 살 거 같은데 말이다.

엄마가 기대하고 좋아하는 건 딱 두 가지밖에 없는 듯하다. 하나는 아빠가 승진하는 일이고, 다른 하나는 내 성적이 오르는 일이다. 아빠의 간섭만으로도 짜증이 나는데 엄마 역시 내 성적과 대학 진학에 관한 것 말고는 다른 관심은 없는 사람 같다. 그러니 집에 들어오면 가슴이 콱 막히고 답답해진다. 요즘에는 집에 들어오면 방에 틀어박혀 있는 게 가장 속이 편하다. 학교나 학원에서 밤늦게 돌아오면 컴퓨터를 보거나 침대에 걸터앉아서 친구들과 스마트폰으로 수다를 떨며 시간을 보내는 시간이 부쩍 많아졌다.

"하여튼 나 좀 가만히 내버려 둬!"

밥맛이 뚝 떨어져서 몇 숟가락 먹다 말고 그냥 자리에서 일어났다. 엄마의 날카로운 목소리가 다시 등을 때렸다.

"밥 먹다 말고 어디 가?"

"빨리 학원 가야 돼!"

방에 들어가서 가방만 챙겨가지고 얼른 나왔다. 아니나 다를까 다시 등 뒤로 엄마의 구시렁거리는 소리가 들렸다.

"쟤, 쟤 좀 봐, 버릇하고는…."

일단 뛰쳐나오듯 밖으로 나왔지만 영 기분이 좋지 않다. 당장 학원에 가야 하는데, 그러고 싶은 마음이 싹 사라졌다. 친구들을 만나서 한바탕 수다라도 떨면 기분이 좀 나아질 것 같았지만 그것조차도 내 마음대로 안 됐다. 친구들도 그때쯤이면 다 학원에 가 있을 시간이니 말이다. 일단 집 근처를 벗어나고 싶어서 마을버스를 탔는데 갈데가 없었다. 어디로 갈지 정하지 못하는 사이에 이미 버스는 학원을 지나쳤다. 결국 마땅히 갈 데가 생각나지 않아 무작정 버스 종점에 내려 근처 커피숍에 들어가 지금까지 이렇게 멍한 표정으로 앉아 있는 중이다.

얼마 남지 않은 레모네이드를 한 모금 더 마시고 귀에 이어폰을 꽂았다. 신 나는 곡을 들으면 기분이 조금이라도 나아질까 싶어 댄스곡만 골랐다. 내가 좋아하는 아이돌 그룹의 곡이다. 그들의 노래와 춤 모두 날 설레게 한다. 처음 데뷔할 때부터 2년이 지난 지금까지 변치 않는 팬이다. 내 방 책상과 벽에도 온통 오빠들 브로마이드로 장식해 놓았다. 그렇다고 해서 '사생팬'이라 불리는 애들처럼 오빠들의 일거수 일투족에 관심을 갖고 따라다니는 정도는 아니다. 그저 팬 카페 활동을 하거나 새로운 음반이나 음원이 나오면 무조건 사고, 일 년에 한두 번 콘서트에 찾아가는 정도다. 물론 스마트폰에는 발표된 모든 노래가 저장되어 있어서 시간이 날 때마다 듣는다. 잘생긴 오빠들의 얼굴을 떠올리고 마음속으로 멋진 춤 동작을 따라하다 보면 조금은 숨통이 트이는 기분이다.

사실은 오늘 아빠랑 말싸움해서는 안 되는 날이었다. 학교에서 방학 동안의 수행평가로 〈아빠 직업과 자신의 진로〉에 대해서 조사하고 자기 생각을 써 오라는 과제를 내 줬기 때문이다. 한 달 안에 작성해서 내라고 했는데, 어영부영하다 보니 벌써 2주가 훌쩍 지나갔다. 아빠에게 이것저것 물어봐야 하는데, 영 내키지 않는다. 물어보기는 커녕 말을 섞기도 거북하다. 한두 번 대화를 시도했는데, 그때마다 내가 제일 싫어하는 경영대 얘기를 꺼내는 바람에 욱하는 감정이 생겨서 사이가 또 틀어져 버렸다.

지금 기분으로는 수행평가든 뭐든 다 때려치우고 싶은 마음이다. 하지만 기분 내키는 대로만 할 수는 없는 노릇이다. 며칠 전에는 내 나름대로 써 보려 했지만 노트를 꺼내 몇 마디 쓰고 나니 더 이상 진도가 나가지 않았다. 참, 그 노트가 지금 가방 안에 있지. 어디까지 썼더라? 가방을 뒤적여 펼쳐 보니 정말 몇 자 되지도 않는다.

〈아빠 직업〉

회사원

스마트폰이나 가전제품으로 세계적으로 유명한 S회사

직접 만드는 일은 아니고 관리 일

과장으로 일하고 있음

아침 7시면 출근하고 밤 9시는 돼야 퇴근할 때가 많음

서너 달에 한 번씩 지방으로 출장

회사가 어디 있는지 …

구체적으로 하는 일 …

〈나의 진로〉

역사학과 진학 희망

역사 공부가 가장 흥미롭기 때문

대학 졸업 이후는 …

노트 한 장의 3분의 1도 채 되지 않는 공간에 끼적인 게 전부다. 특별히 우리 아빠에 대한 게 아니라도 쓸 수 있는 내용뿐이다. 그나마 세부적인 내용으로 들어가려고 하면 깜깜하다. 그 뒤로는 낙서 흔적만 가득하다. 더 생각도 안 나고 다른 한편으로는 짜증도 나서 아무 그림이나 마구 그리고 무의미한 단어만 잔뜩 적어 놓았기 때문이다. 이 정도면 친구 아빠나 옆집 아저씨에 대해 쓰라고 해도 나올 만한 내용

이지 싶다.

생각해 보니 아빠에 대해 아는 게 거의 없다. 하긴 어쩌면 당연한 일이다. 자라면서 아빠를 볼 시간이 제대로 있었어야지 말이다. 내가 기억하는 건 초등학교에 다닐 때부터인데, 아빠랑 뭔가를 같이 할 시간이 늘 없었다. 아빠는 항상 바빴고, 나는 나대로 학교에 갔다 오면 늘 학원에 다녔다. 피아노 학원, 미술 학원, 영어 학원, 수학 학원, 글쓰기 학원. 왜 다녀야 하는지도 모르고 그냥 엄마가 가라고 하니 갔다. 어휴, 지금 생각해도 지겨운 시간이었다.

일요일에 외식을 하는 경우는 종종 있었다. 가끔 가족끼리 갈비집에 가거나 누군가 생일이면 패밀리 레스토랑에 가곤 했다. 참, 어린이날엔 놀이공원에 가서 하루 종일 아빠랑 시간을 보내기도 했다. 새벽에 출발해야 차가 안 막힌다고 해서 졸린 눈 비벼 가며 일어났던 기억이 난다. 아무리 그래봐야 도착하면 이미 사람들로 바글바글했지만 말이다. 아빠와 함께 놀이기구도 타고, 식당에서 점심도 먹고 사진도 찍었던 기억이 기분 좋게 남아 있기는 하다.

하지만 가끔 특별한 날에 아빠랑 함께 시간을 보냈다고 해서 무슨 특별한 대화가 오갔던 건 아니다. 흥미롭거나 재미있는 대화도 평소에 자주 이야기를 나누던 사이에서나 가능하니까. 아빠는 그저 친구는 잘 사귀는지, 공부는 잘 하는지 등등 빤한 것만 물어봤고, 나도 뭐 특별히 할 얘기가 없으니 간단하게만 대답했다. 혹시라도 엄마가 화장실을 가거나 걸려 온 전화를 받으러 잠시 자리를 비우면, 아빠랑 둘만 남아있는 시간이 어색했다.

고등학교에 입학하자마자 상황은 더욱 악화됐다. 그놈의 경영대 타령과 함께 항상 대화의 주제는 공부로 귀결되었기 때문이다. 아빠와 몇 마디 나누다 보면 대화의 끝은 대학 이후의 취업과 안성된 식장으로 이어졌다. 여러 차례 내가 무엇을 원하는지 말해 봤지만 아직 어려서 그런 생각을 한다는 답만 돌아왔다. 같은 방식의 대화가 반복되면서 아빠랑 나 사이에 상당히 높고 두꺼운 벽이 생겨 버렸다. 벽은 너무도 공고해 무너질 기미가 보이지 않는다.

특별히 나만 그런 것 같지는 않다. 다른 친구들 이야기를 들어 봐도 아빠와의 관계가 대부분 거기서 거기였으니까. 다른 애들도 다 비슷한 처지일 텐데, 학교에서는 뭐 하려고 짜증 나게 이런 황당한 과제를 내주느냐 말이다. 참으로 난감한 일이 아닐 수 없다.

1

우리 집에
이상한 손님이
찾아왔다

우리 집에 마르크스라는 이상한 외국인 손님이 왔다. 회사 일로 유럽에 출장 나갔던 아빠가 현지에서 사귄 친구라는데, 교과서에서 '사회주의 이론'을 창시했다고 읽은 적 있는 실제 마르크스와 생김새도 비슷하고 이름까지 똑같다. 마르크스 아저씨가 서울에 있는 동안 우리집에 머물러도 되겠느냐고 전화했을 때, 아빠는 흔쾌히 아저씨를 우리 집으로 초대했다. 마르크스 아저씨와 이번 기회에 더 친해지고 싶다던 아빠는 아저씨가 올 날만을 손꼽아 기다리셨다. 한껏 들뜬 마음으로 한국을 대표하는 친선 대사가 되어 한국의 발전상을 이야기해 주겠다는 각오가 대단했다.

드디어 아저씨가 오기로 한 그날이 왔다. 처음에 아저씨가 현관문을 열고 들어서는데, 1970년대 서양 영화에서 툭 튀어나온 사람인줄 알았다. 복장이 얼마나 촌스러운지 말도 못했다. 짙은 회색 양복이 무척 낡아 있었고, 수염도 북슬북슬 장난이 아니다. 평생 수염 한번 깎아 보지 않은 사람처럼 온 얼굴에 검은색 털이 가득했다. 수염 사이를 비집고 눈이 뚫리고, 코가 솟아오른 느낌이랄까? 처음 본 사람에게 미안한 말이지만 꼭 고릴라 한 마리가 밀림을 탈출해서 찾아온 느낌. 그런데 고릴라가 말을 한다!

"처음 뵙습니다. 신세 좀 질게요."

"어머, 어서 오세요. 오래 걸리셨죠?"

엄마가 반갑게 아저씨를 맞는다.

"한국이 멀기는 하네요."

"힘들지 않으셨어요?"

"비행기 안에서만 꼬박 열 시간을 쪼그려 앉아 있었으니 힘들기야 했죠. 좌석은 왜 그리 좁은지, 나처럼 한덩치 하는 사람은 숨이 턱 막히는 것 같더라고요. 허허."

"음식이나 잠자리가 잘 맞을지 모르겠어요."

"염려 마세요. 출장을 하도 자주 다녀서 낯선 환경에서 지내는 데 익숙하거든요."

"뭐 좀 드시겠어요?"

"아뇨, 괜찮습니다. 공항에 도착하자마자 남편 분 덕분에 배부르데 먹어서요."

몇 마디 인사말이 오고간 뒤 아저씨가 집을 한번 둘러보다가 나와 눈이 마주쳤다. 보자마자 빙긋 웃으며 다가온다.

"네가 예슬이니?"

이제야 나를 아는 체하네.

"네, 안녕하세요."

"그래, 오면서 아빠한테 얘기 들었어. 들은 대로 정말 예쁘네."

그래도 보는 눈은 있네. 고릴라처럼 둔하게 생긴 아저씨가 예쁜 건 금방 알아보니 말이다. 예쁘다는데 기분 나쁠 사람은 없지.

"제가 좀 봐 줄 만한 얼굴이기는 하죠. 헤헤."

"하하, 성격도 밝구나."

"뭐 하나 빠지는 게 없어요, 제가."

"예슬아, 처음 보는 어른한테 말버릇이 그게 뭐니!"

엄마가 또 핀잔이다.

"아니요. 발랄해서 좋은 걸요."

아저씨가 괜찮다고 하는데도 엄마는 못마땅한 표정이다. 그러거나 말거나.

"아, 참! 내 정신 좀 봐. 일단 방에 짐부터 내려놓으세요."

엄마가 아저씨가 지낼 방부터 안내했다.

"조금 좁을 텐데…."

"좁긴요. 깨끗하고 아늑해서 제겐 좀 과분한데요."

"먼 길 오느라 피곤하실 텐데, 샤워부터 하세요."

"그럴까요? 잠도 제대로 못자고 시차 적응도 안 돼서 정신이 몽롱하기는 하군요."

아저씨가 샤워를 하는 동안 엄마는 커피를 끓이고 과일을 준비했다. 아저씨가 편한 옷으로 갈아입고, 식탁에 앉자 엄마가 약간 호들갑을 떤다.

"우리 집에 계시는 동안 덕분에 유럽 이야기는 실컷 들을 수 있겠네요."

"유럽을 좋아하세요?"

"그럼요! 제가 얼마나 유럽에 가고 싶었는데요."

"그럼 진작 유럽 여행을 오시지 그랬어요?"

"이 양반이 하도 바빠서 어디 시간이 나야지요."

엄마가 아빠를 살짝 흘겨보며 투정부리듯 말하자, 아빠가 그새를 못 참고 참견한다.

"어허, 이 사람아. 나중에 정년퇴직하고 나면 당신 원 없이 구경할 수 있게 해 주겠다니까 그러네."

"할머니 다 돼서?"

"요즘 예순 살이 무슨 노인이라고 그러나."

이미 귀에 못이 박히게 들은 대화 내용이다. 엄마가 서유럽에 가보고 싶다고 조르면 아빠는 항상 같은 대답을 했다. 엄마는 그런 아빠의 반응에도 지치지 않고, 이미 오래전부터 프랑스, 이탈리아, 스페인 등 유럽 여행 책을 읽으면서 꿈을 키워 오는 중이다. 항상 아빠가 바쁘다는 핑계로 산통을 깨곤 했지만.

마르크스 아저씨가 껄껄 웃으며 말을 잇는다.

"언제든 오세요. 유럽에서는 제가 안내해 드리겠습니다."

"정말요? 기대되는 걸요."

"한국에 있는 동안 유럽에 대해 궁금하신 것 편하게 다 물어보시고요."

"아휴~ 말씀만으로도 고맙네요."

엄마는 곧 유럽 여행을 가기라도 할 것처럼 조금은 들뜬 모습이다. 아저씨가 날 보면서 웃는 얼굴로 묻는다.

"예슬이는 뭐 궁금한 거 없니?"

"한국은 어떻게 오시게 됐어요?"

"그냥 한국이라는 나라가 참 궁금했어."

"뭐가 그리 궁금해요?"

"몇 년 전부터 한국이라는 나라가 상식적으로 이해가 되지 않아서 꼭 한번 방문해야겠다고 생각했거든. 유럽에서 별로 들어 보지도 못했던 나라인데, 시쳇말로 요즘 뜨고 있어."

"그래요? 예전에는 유럽 사람들이 한국을 어떻게 봤는데요?"

"10여 년 전만 해도 전 세계 사람의 대부분은 한국이라는 나라가 어디에 붙어 있는지도 몰랐어. 세계 여러 나라 현실에 두루두루 관심이 많은 나만 해도 크게 주목하지 않은 나라였지. 내 기억 속에도 제2차 세계 대전 직후에 한국전쟁으로 두 동강이 난, 가난한 나라 정도로 남아 있었어. 몇십 년 전만 해도 독일 탄광으로 광부를 수출하는 나라였으니 더 그렇게 생각했지."

"네? 우리나라가 광부를 수출한 적이 있어요?"

내가 눈을 동그랗게 뜨고 물어보자 아빠가 대신 대답해 주셨다.

"수출이라는 건 이름을 붙이자니 그렇게 된 거고. 한국은 1970년대에 경제 개발을 추진할 때 외국 돈, 특히 달러가 필요했어. 그래서 적지 않은 사람들이 외화를 벌기 위해 유럽으로 나가 광부나 간호사로 일했지. 중동 국가로는 주로 건설 노동자들이 일하러 갔고."

"아 그렇구나. 그런데 아저씨, 아직도 이상해요. 학교에서는 1980~90년대에 경제가 발전해서 우리나라가 외국에 자동차를 수출하기도 했다고 배웠는데요?"

"길거리에 나가면 현대자동차라는 아주 값싼 자동차가 가끔 굴러다니는 걸 본 적은 있지. 하지만 워낙 싸구려 자동차였고, 현대자동차가 한국이라는 나라가 만든 브랜드라는 것도 대부분 연결 짓지 못했지."

그랬구나. 학교에서 배웠을 땐, 한창 경제가 발전할 시기에 전 세계가 한국을 주목했다고 들었는데, 그냥 우리만의 생각이었나 보다. 하긴 우리나라만 해도 마찬가지 아닐까 싶다. 아프리카나 중남미의 작은 나라에 대해 아무런 관심도 없으니까. 세계 지도에 그 나라가 어디쯤 붙어 있는지 모르는 경우도 많고.

"요즘 유럽에서 뜨고 있는 한국 제품은 뭐예요?"

"최근에 꽤 뜨거운 관심을 받고 있어. 처음에는 TV와 냉장고 등 가전제품이, 다음으로는 휴대전화가 유럽에서 두각을 나타냈지. 스마트폰이란 게 나오고 나서는 더 난리가 났어. 전 세계에서 막강한 힘을 자랑하는 애플(Apple)사와 유일하게 맞장을 뜨는 게 한국 기업이니 말이야."

"그 정도예요?"

전자 제품 이야기가 나오자 아빠 표정이 갑자기 환해진다. 마치 자기 일이라도 되는 것처럼 의기양양한 말투로 대화에 끼어든다.

"그럼, 우리가 생각하는 섯 이상으로 내단하지. 특히 미국에서는 아빠 회사를 비롯한 한국 기업의 가전제품이 시장 점유율에서 압도적인 1위를 차지하고 있거든. 유럽에서도 빠르게 확대되는 추세이지. 특히 스마트폰은 애플과 계속 1~2위 경쟁을 하는 중이야."

마르크스 아저씨가 말을 듣다가 주머니를 뒤적거리더니 무언가 꺼내 식탁 위에 내려놓았는데, 스마트폰이다. 아빠 회사에서 만든 제품으로 최근 기종은 아니고 맨 처음에 나왔던 좀 꼬진 제품이다. 아저씨는 스마트폰을 가리키며 말을 이어 갔다.

"예슬아, 아저씨만 해도 이걸 쓰는걸."

"에이, 너무 오래된 제품이잖아요. 우리나라에는 요즘 그거 쓰는 사람 별로 없어요."

"그래? 아무튼 처음에는 한국이 그래봐야 일본을 뒤쫓으며 흉내 내는 거겠지 했어. 한동안 그러다 말 거라 예상했고. 그런데 웬걸? 케이팝(K-POP)이 어쩌고 하면서 대중문화에서도 한국 음악이 큰 두각을 나타내는 게 아니겠어?"

케이팝 이야기가 나오니 이번에는 내 어깨가 좀 으쓱해졌다. 내가 무지무지 좋아하는 아이돌 그룹도 얼마 전에 유럽 공연을 성공적으로 마쳤다는 소식을 들었기 때문이다.

"스마트폰이야 유럽에서 사서 보면 되고, 케이팝 스타도 인터넷으로 보면 되는데 이 먼 곳까지 굳이 왜 오신 거예요?"

"너무 신기해서."

"뭐가요?"

"모든 현상에는 다 그럴 만한 근거가 있거든. 세상에 그냥 생기는 건 없어. 오랜 세월 축적되어 온 역사적 근거가 있을 때, 비로소 하나의 사회 현상으로 나타나지. 전혀 생각지도 못했던 동양의 작은 나라에서 어떻게 이런 엄청난 힘이 생겼나 무척 궁금했어."

"그럼 한국을 공부하러 온 거네요?"

"공부? 그러네. 일종의 공부인 셈이지. 한국 사회에 대한 공부. 내일부터 한국의 여러 모습을 직접 보고 느껴 봐야지. 예슬이도 아저씨를 많이 도와주렴."

방문 첫날이라 아저씨가 워낙 피곤해서 오래 이야기를 나눌 수 있는 상황은 아니었다. 얘기를 나누는 중에도 눈이 벌겋게 충혈된 상태였으니까. 아저씨를 얼른 방으로 들여보내야 하는데, 아빠는 못내 아쉬워하는 눈치다.

다음날 아침, 아빠가 급하게 회사 일이 있다고 나가시면서 마르크스 아저씨 서울 구경 가이드를 나에게 맡기셨다. 마침 방학 때고 하니까 오늘뿐 아니라 아저씨가 머무는 동안 자주 이곳저곳 안내를 해 주란다. 방학이어서 시간이 조금 있기야 하지만 솔직히 말하면 썩 내키지는 않는다. 난생 처음 보는 외국인 아저씨랑 밖에 나갈 생각을 하니 너무 어색한 거다. 대신 지겨운 학원을 빼먹을 수 있는 기회가 당분 간 많아졌으니 그걸로 위안 삼아야지. 엄마는 아니나 다를까 아저씨 랑 같이 다니는 동안 너무 버릇없게 굴지 말라고 신신당부했다.

"아저씨, 서울 어디 가 보고 싶으세요?"

"흠, 글쎄…. 일단 서울 번화가를 보고 싶은데."

"그럼 광화문이나 종로로 가죠, 뭐."

"그곳이 도심이니?"

"네. 예전부터 서울의 전통적인 중심지예요."

"그래, 거기가 좋겠네."

버스를 타고 가는 동안 아저씨는 틈틈이 창밖을 유심히 살핀다. 말없이 가는 게 좀 서먹했는지 내게 말을 건다.

"고등학생이면 공부하느라 정신없겠네. 한국 학생들은 입시 때문 에 난리라던데."

"지겹죠."

"괜히 나 때문에 시간 뺏기는 거 아니야?"

"학원 안 가도 되니 오히려 마음이 가벼운 걸요, 뭐."

"그래? 어떤 공부가 제일 지겨운데?"

"뭐라 할 거 없이 대부분이죠."

"그중에서도 제일 싫은 과목은?"

"단연 수학!"

"하하, 수학 싫어하는 건 어디나 같네."

"유럽 학생들도 그래요?"

"특별히 수학이 필요한 학문 분야를 선호하지 않는 이상 누가 좋아하겠어."

"그러게 말이에요. 왜 그걸 모든 학생이 다 해야 하는지 도무지 모르겠어요."

"그럼 제일 좋아하는 과목은?"

"역사가 가장 재미있어요."

"호오~ 그래? 역사 중에서도 어떤 분야?"

"잡다하게요. 역사책을 읽으면 그냥 기분이 좋아져요."

"어떤 책을 제일 재미있게 봤어?"

"재미로만 따진다면야, 그게… 좀 쪽팔린데….'

"왜?"

"세계 여러 나라의 역사를 시리즈로 담은 만화책이거든요. 중학생 때 봤는데, 한국 청소년들에게 인기 짱이죠. 헤헤."

"만화라도 내용만 좋으면 무슨 문제겠니. 만화책 말고는?"

"간추려 정리한 세계사나 한국사에 대한 책 몇 권이 전부예요. 나머지는 역사 관련 교과서 정도고요. 많이 읽고 싶어도 국어, 영어, 수학 등 주요 과목 시험공부만으로도 항상 시간에 쫓기니까요."

"그래. 한국 학생들이 입시에만 몰두해야 하는 사정은 워낙 유명하더구나."

"대학도 역사학과로 가려고요."

"역사는 다양한 삶과 만날 수 있는 기회를 주니까 재미있을 거야."

"네…."

잠시 말이 끊겼다. 어제 처음 봤고, 나이도 많은 아저씨인데 당연하지. 아저씨도 조금은 어색한지 다시 창밖을 본다. 이번에는 예의상 내가 말을 걸었다.

"서울은 그다지 볼 만한 게 많지 않아요."

"그래? 오랜 역사를 가진 나라인데?"

"고궁이 몇 개 있지만, 중국 자금성에 비하면 새 발의 피거든요. 농담 삼아 자금성 화장실 정도 규모라고 말할 정도니까요."

"괜찮아. 난 고궁 보려고 온 건 아니니까."

"그럼 무엇을 보려는데요?"

"그냥 길거리나 사람들이 사는 모습이 궁금해."

"…."

이야기를 나누다 보니 어느새 광화문이다. 광화문 사거리 근처에 내렸는데 마침 화창한 날씨여서 기분은 상쾌하다. 인도에는 사람들이 북적거려 어디로 갈까 하다가 일단 시청 쪽으로 잡았다. 고층 건물 사이로 걷는데, 아저씨는 계속 주변을 두리번거리며 살핀다.

"도심을 살펴봐야 뭐 특별한 게 없을 텐데요."

"일단 어제 차 타고 오면서 본 광경을 내 눈으로 직접 확인하고 싶어."

"어떤 걸 봤는데요?"

"창밖을 보는데, 전혀 생각하지 못했던 광경이 눈에 확 들어오는 거야. 강변도로를 따라 즐비한 고층 건물이 장난이 아니더라고. 끊임없이 이어지는 자동차 물결은 또 어떻고. 강변도로를 나와 도심으로 들어섰는데, 건물마다 네온사인으로 번쩍번쩍한 상점이 가득하고, 온갖 물건들이 쏟아져 나오는 것 같더라. 길거리를 가득 채운 사람들의 발걸음은 무척 활력 있어 보이고 말이지."

"그게 신기해요? 스마트폰이나 가전제품으로 유럽에서 다른 쟁쟁한 상품과 경쟁하는 나라인데 당연한 거잖아요. 아저씨는 어떤 모습을 상상했는데요?"

"오기 전에 한국에 대해 연구를 좀 했거든. 도서관으로 달려가서 한국 관련 자료를 살펴봤지. 평소에 워낙 도서관에 살다시피 하는 편이라 어렵지 않게 필요한 자료를 구할 수 있었어. 한국에 관한 신문 기사도 뒤적거리고, 컴퓨터로 동영상 검색을 해서 요모조모 들여다 봤어. 한 달 정도 도서관으로 출퇴근하다시피하며 한국에 대해 알아보니 대략 머리에 떠오르는 상이 있었어."

"어떤 게 그려졌는데요?"

"무엇보다도 한국의 경제 성장에 대해 소개하는 자료가 많아서 전형적인 산업 국가 이미지가 떠올랐지. 그리고 한국 경제와 관련해서 신기한 단어를 하나 발견했어. 바로 '재벌'이라는 단어야."

"재벌은 어느 나라나 다 있는 거 아닌가요?"

"예슬이가 알고 있는 재벌은 뭔데?"

"세계적 규모의 대기업이잖아요. 빌 게이츠나 스티브 잡스로 유명한 마이크로소프트나 애플이 그렇고, 또 벤츠, 포드, 도요타 같은 세계적 자동차 회사도 마찬가지로 알고 있어요."

"대기업과 재벌은 다른 개념이야."

"어떻게 달라요?"

"대기업은 말 그대로 사업 규모가 큰 기업을 말해. 예슬이가 예로 든 기업은 전 세계에 근거를 두고 있다는 의미에서 '다국적 기업'이라는 말을 사용하기도 하고. 하지만 대부분 한 영역으로 전문화되어 있어. 컴퓨터, 자동차 등 한 분야 제품만 생산하고 판매하지. 마이크로소프트는 윈도 같은 컴퓨터 소프트웨어만 다루고. 하지만 한국의 재벌 기업은 문어발식으로 온갖 분야 사업을 하나의 기업이 틀어쥔 경우야. 한국의 주요 재벌 기업은 하나의 기업이 70~80개의 각 분야 기업을 소유하고 있거든. 서양에는 없는 기업 형태이기 때문에 번역할 단어가 없어서 그냥 '재벌'이라고 불러."

"다른 나라도 한국 재벌처럼 하면 되잖아요."

"그건 반독점법으로 금지되어 있어. 한 기업이 여러 분야를 다 차지하면 기업 간의 자유로운 경쟁이 심각하게 훼손되어 시장 경제가 제대로 작동할 수 없다는 생각 때문이지."

"어? 한국은 재벌이 있지만 시장 경제가 잘 굴러가잖아요."

"글쎄다. 정말 그럴까? 예슬이 아빠가 다니는 기업만 해도 온갖 분야의 사업을 독차지하고 있잖아. 한국에서 휴대 전화는 물론이고 컴퓨터와 각종 가전제품 시장을 휩쓸고 있으면서도 각종 백화점이나 대형 마트, 건설업 등에서도 지배적 위치에 있지. 심지어 보험 사업, 놀이공원, 의류 사업에 이르기까지 돈 되는 것이면 다 하거든. 몇몇 재벌 기업이 한국 경제 전체를 쥐락펴락하면서 중소기업은 무너지거나 무력해져 있지. 뚜렷한 경쟁 기업이 없는 상황이니 터무니없이 비싼 가격을 유지할 수 있는 거지. 이러한 현실을 정상이라고 보기는 어려워."

"저는 다른 나라도 다 우리 같은 줄 알았어요."

"하긴 정도의 차이만 있을 뿐 다른 나라의 대기업도 마찬가지 문제를 일으키기는 해."

"무슨 말이에요?"

"재벌 형태만 아닐 뿐 다른 나라 대기업도 해당 분야에서 국내 시장이나 나아가서는 세계 시장을 독점하면서 폭리를 누리기는 마찬가지니까. 결국 자본주의 본질상 기업은 독점화로 갈 수밖에 없고, 모든 피해는 일반 사람들이 입게 되지. 자본주의 시장 경제 자체가 문제이니 정도의 차이가 있을 뿐이야."

"한국의 재벌이 더 심한 자본주의의 문제를 양산하나요?"

"재벌의 탐욕까지 덧씌워져 있으니 어느 나라보다 극심하게 빈부 격차가 나타나지. 한국은 세계적으로 비교 대상이 없을 정도로 긴 노동 시간으로도 유명해."

"그런데 자본주의 문제와 지금 서울의 모습 사이에 무슨 관계가 있어요?"

"한국에 오기 전에 몇 가지 광경을 떠올렸지. 인터넷에 소개된 사진을 보니 고층 건물이 꽤 많더군. 하지만 빈부 격차가 심한 나라이니 고층 건물에서 조금만 걸어 들어가면 악취가 풍기는 초라한 빈민가가 이어지지 않을까 예상했어. 극소수의 부유함에 비해 다수가 빈곤에 허덕이는 양극단의 모습 말이야. 또 정치적 억압과 경제적 착취에 지친 무거운 발걸음이 거리를 메우고 있을 테고. 희망을 잃고 살아가는 청소년의 모습도 빠질 수 없지."

"예상과 많이 달랐어요?"

"일단 겉으로 보기에는 상당히 딴판이었어. 단순히 고층 건물이나 도로를 가득 채운 자동차 때문만은 아니야. 무엇보다도 사람들의 활기찬 발걸음이 인상적이었지. 겉보기에는 지치거나 찌들어 보이지 않았거든. 길거리에 보이는 젊은이들의 모습도 발랄하고."

"오늘은 직접 거리에 나왔으니 좀 더 자세히 보이겠네요."

"큰 거리를 벗어났는데도 다 허물어져 가는 건물에 더러운 옷을 입은 아이들이 비좁은 골목에 득시글대는 빈민가는 눈에 띄지 않네. 도로는 잘 정돈되어 있고, 건물이나 집은 비교적 깔끔해 보여. 예슬이네 집에서 버스 정류장으로 걸어 나오는 도중에도 혹시 하는 마음에 골목 안쪽을 흘깃거리며 쳐다봤어. 쓰레기 더미가 뒹구는 지저분한 뒷골목을 생각했거든. 하지만 어느 골목을 봐도 내가 생각했던 모습과는 상당히 달랐어."

"에이, 아저씨가 좀 심하게 잘못 생각하셨네요. 서울도 지역에 따라 잘사는 동네와 못사는 동네가 있지만 아저씨가 머릿속에 그린 정도는 아니에요. 그러면 우리 집은 어떨 거라고 예상했어요?"

"예슬이네 식구도 애초에 예상했던 모습과는 사뭇 달라. 예전에 너희 아빠에게 가족에 대해서 들은 바가 있어서 대충은 알고 있었지. 40대 사무직 노동자라는 것, 아내와 여학생 딸을 두었다는 것, 아파트에 거주한다는 것 정도였어. 힘들게 살고 있겠구나 생각했지. 한국의 40대 과로사 비율이 세계 1위라는 이야기를 익히 알고 있었거든. 한국 학생들의 살인적인 입시 경쟁도 유명하고. 당연히 일에 지친 아빠와 공부에 찌든 딸, 이 둘을 뒷바라지하느라 생활에 치이는 엄마를 상상했어."

"어제 실제로 보니 달랐어요?"

"적어도 외형상으로는 내 예상이 보기 좋게 빗나갔어. 예슬이 아빠는 공항에서부터 줄곧 활기로 가득한 모습이었어. 엄마도 첫인상부터 친절하고 상냥하게 보이시더라고. 예슬이도 이처럼 귀엽고 쾌활한 모습이고. 내가 예상했던 찌든 가정의 모습이 전혀 아니었어."

"제가 좀 예쁘고 귀엽긴 하죠. 헤헤. 솔직히 아빠가 어떻게 일하는지는 잘 모르겠지만, 적어도 살인적인 입시 경쟁에 시달리고 있는 건 맞네요."

"그래? 겉으로는 그렇게 지쳐 보이지 않는데?"

"아저씨도 순진한 구석이 있으시네요. 아무리 지쳤다고 해도 매일 찌푸린 표정으로 있기야 하겠어요?"

"많이 힘들어?"

"어휴, 말도 마세요. 아침 일찍 학교에 가고 저녁에는 야간 자율 학습으로 밤늦게나 집으로 오는 걸요?"

"자율 학습?"

"네. 정규 수업이 끝나고 학교에 남아서 몇 시간을 더 공부해야 돼요."

"자율이면 안 하면 되잖아."

"답답한 소리 마세요. 말이 자율이지 강제거든요."

"매일?"

"당연하죠."

"어떻게 매일 그렇게 살아?"

"그나마 학교 공부만 있으면 다행이게요? 주말에도 학원에서 살다시피 해요."

"친구는 언제 만나고?"

"친구 만날 시간도 거의 없죠. 그냥 학교나 학원에서 잠깐씩 보는 게 대부분이죠. 정말 어쩌다가 만나서 군것질하면서 수다를 떠는 정도고."

"집에 있을 시간도 별로 없겠다."

"집은 밤에 들어가서 자고, 아침에 밥 먹고 나오는 곳이라고 보면 돼요."

"유럽에서는 상상도 할 수 없는 일이라 잘 떠오르지가 않네."

"에휴, 한숨만 나와요."

"그럼 예슬이 취미는 뭔데?"

"중고등학생에게 취미가 어디 있어요. 죽어라고 공부만 해야 하는 걸요."

"방학이면 종종 여행도 다니고 그러지 않아?"

"유럽에서는 학생들이 여행도 다녀요?"

"그럼. 방학이면 친구들끼리 다른 도시로 여행을 떠나지. 적지 않은 학생이 유럽 여러 나라로 친구들끼리 배낭여행을 가기도 하고."

"와, 완전 부럽네. 우리에게는 꿈같은 이야기네요."

"그럼 한국의 중고등학생은 방학 때 뭐 해?"

"뭐 하긴요. 고등학생은 방학 때도 학교에서 의무적으로 수업을 들어야 하는 경우가 많고요, 중학생도 보통 학원에 다녀요."

"그게 무슨 방학이야?"

"그러게 말이에요. 정말 짜증 난다니까요."

"그러면 식구들하고 함께 어울릴 시간도 별로 없잖아."

"말이라고 해요? 다 같이 모여 밥 먹기도 힘들어요."

"어제 밤에 보니 화목해 보이던데?"

"그냥 겉으로만 그래요. 아무렴 손님이 왔는데, 싸우겠어요?"

"싸우기도 해?"

"싸운다기보다는 별로 대화가 없어요. 하긴 요즘 아빠랑은 종종 부딪히기는 하지만요."

"왜 부딪혀?"

"아빠가 자꾸 경영대 가라고 하거든요. 저는 싫은데…."

"그렇구나. 하긴 겉모습과 실제는 다르기 마련이지."

"학교에서 아빠 직업과 하는 일에 대해 써 오라는 숙제가 있는데 요즘 서먹해서 아직 말도 못 꺼냈어요."

"그냥 물어보면 되잖아?"

"그놈의 경영대 타령 때문에 말도 꺼내기 싫어요."

"다른 얘긴데, 뭐."

"에이, 그건 아저씨가 우리 아빠 성격 몰라서 하는 소리예요. 분명 직장에 대해 한참 자랑하다가 내 대학 진학 문제로 연결시켜서 들들 볶을 게 뻔하거든요."

"그래? 어차피 여기 머무는 동안 아빠 회사 견학을 부탁해 놓았으니까 함께 가면 되겠네. 꽤 도움이 되지 않겠어?"

"정말요?"

"응, 아빠가 회사에 알아보겠다고 하시더라. 별 문제 없을 거라더 군. 그리고 아빠랑 저녁이면 집에서 이런 저런 이야기를 나눌 텐데, 내가 예슬이 대신 자세하게 물어보지, 뭐."

"그거 좋네요."

"옆에서 눈치껏 들었다가 적으면 되겠다. 허허."

"네, 아저씨 덕 좀 봐야겠어요."

그렇게 이야기를 나누면서 시청을 거쳐 명동까지 걸었다. 걷는 동안에도 아저씨는 건물이나 골목의 모습이며 사람들의 표정을 유심히 살폈다. 한참을 싸돌아다니다 보니 배가 출출해졌다. 명동에 도착하자마자 적당한 식당에 들어가서 비빔밥으로 점심으로 때우고는 나와서 다시 명동 골목을 누볐다. 아저씨와 이야기하고 나니 숨통이 좀 트이는 듯했다.

마르크스,
소매치기를
당하다

마르크스 아저씨가 이번에는 새롭게 만들어진 시가지도 보고 싶다고 한다. 그래서 함께 강남역으로 가기로 했다. 지하철을 탔는데, 사람들이 꽤 북적거린다. 좌석에 앉아서 가기는 글렀고, 사람들 틈바구니에 끼어서 가는 수밖에. 나야 이미 익숙한 일이어서 그러려니 했지만, 아저씨는 이리 밀리고 저리 밀리면서 당황해하는 눈치다. 몸집은 커다란데 영 맥을 못 추리는 것 같아 한편으로는 조금 우스웠다. 안쪽에 있던 사람이 내리겠다고 밀치고 나올 때마다 중간에 끼어서 어찌할 바를 몰라 쩔쩔매신다.

강남역은 특히 심하다. 지하철에서 쏟아지는 사람들에 떠밀리듯 나와서 강남 거리로 올라섰다. 아저씨는 수많은 사람이 지나다니는 강남 길거리 풍경이 신기했나 보다. 연신 두리번거리며 사람들을 본다. 종로에서 이미 몇 시간을 걸었고, 지하철에서도 내내 서서 오는 바람에 다리가 아프다는 생각밖에 안 들었다. 아저씨에게 일단 커피숍에라도 가서 잠시 앉아 있자고 졸랐다. 가까운 커피숍에 들어가서 주문을 하고 계산을 하려던 순간, 아저씨가 갑자기 깜짝 놀라 하얗

게 질린 표정으로 옷 주머니를 여기저기 뒤진다.

"아저씨, 왜 그러세요?"

"어, 잠깐만…."

내 말을 듣는 둥 마는 둥 계속 뒤적거린다.

"뭐 잃어버리셨어요?"

"지갑이…."

"지갑이 왜요?"

"분명히 여기 있었는데…."

양복 안쪽 주머니를 만지작거린다.

"언제 확인하셨는데요?"

"아까 점심 먹고 계산하고 분명히 다시 이 주머니에 넣었거든."

어쩌지 싶다. 어디 두고 나온 것도 아니어서 다시 찾아가 봐야 할 곳도 분명하지 않으니 말이다. 다시 명동까지 가야 하나 하고 난감해하는데, 옷을 뒤적거리는 아저씨 손 밑으로 언뜻 이상한 게 내 눈에 띄었다.

"잠깐만요!"

"왜?"

"잠깐 옷 좀 볼게요."

양복 안쪽을 젖혔더니 주머니 밑으로 실밥 같은 게 터져 있다. 자세히 보니 날카로운 칼로 베인 흔적이 선명하다. 아저씨도 그걸 보고서야 대충 사태를 짐작했는지 난감한 표정이다.

"낭패네. 소매치기 당했나 봐."

"그러게요, 외국인이라서 더 노렸나 봐요."

"내가 돈이 많아 보이나? 몸에 붙은 살은 많지만 돈은 별로 없는데. 허, 참."

"한국 사람은 대부분 신용카드를 써서 지갑을 훔쳐 봐야 별 볼일 없거든요. 고작 푼돈이죠. 하지만 외국인 여행객은 주로 현금을 사용하니까 아저씨를 노렸나 보네요."

"하긴 유럽에서도 외국인 여행객이 소매치기의 봉이니까."

"아저씨가 워낙 어수룩해 보여서 더 그랬을 걸요?"

"그런가? 내가 생각해도 좀 촌스러워 보이긴 할 거야. 허허."

어쩐지 전철에서 유난히 아저씨 근처에 사람들이 더 북적대는 느낌이더라니. 한 번도 겪어 본 적이 없으니 소매치기 당할 거라고는 전혀 짐작도 못 했던 거다.

"그나저나 지갑이 없어졌으니 어쩌죠?"

"그냥 재수 없는 날이라 생각해야지, 뭐."

"괜찮겠어요?"

"큰 문제는 아니야. 여권을 따로 넣어 두고 돈도 오늘 쓸 만큼만 가져왔거든."

"아저씨, 커피 값은 제가 낼게요."

용돈을 털어서 낼 수밖에. 조용한 구석 자리에 앉았는데, 아저씨는 소매치기 당한 걸 잊었다는 듯이 태평한 얼굴이다. 한국에 오자마자 주머니를 털렸으면 화가 머리끝까지 치솟을 법도 한데 마치 언제 그런 일이 있었냐는 듯 사람 좋은 미소를 짓는다. 한편으로는 저렇게 물러 터져 보이니 소매치기를 당했지 싶기도 하고.

"화나지 않아요?"

"당연히 나지."

"그런데 왜 그리 아무렇지도 않은 얼굴이에요?"

"이미 없어져 버린 걸, 뭐."

"헐! 어이상실이네요."

"다 잃어버리지 않은 걸 다행으로 생각할 수밖에."

아저씨가 바보처럼 태평한 모습이니까 오히려 내가 더 화가 났다. 돈을 훔친 놈들이 어디선가 땡 잡았다고 킬킬거리고 있을 생각을 하면 치가 떨리지도 않나? 정부는 뭐하는지 몰라. 그런 놈들이 아예 사회에 발을 못 붙이도록 해야 하는데 말이지.

"범죄자들은 아예 모두 사형시켜 버려야 하는데, 에잇!"

"소매치기했다고 사형을 시켜?"

"뭐… 꼭 사형은 아니더라도 하여튼 다시는 범죄를 저지르지 못하도록 평생 감옥에 가둬 두거나 해야죠."

"끔찍한 얘기를 다 하는구나."

"끔찍하긴요. 나쁜 사람들이잖아요. 그런 사람들이라면 평생 가둬 두는 게 당연하죠."

"나쁜 사람?"

"그럼요. 나쁜 사람이니까 범죄를 저지르죠."

"그래, 범죄 행위 자체야 나쁘지. 하지만 원래 나쁜 사람이라고 볼 수는 없어."

"헐! 무슨 부처님 같은 말씀을 하시네요."

"허허, 꼭 부처님만 그런 건 아니야."

"아저씨는 모든 사람이 살기 좋은 사회를 만들어야 한다고 생각하지 않으세요?"

"뭐, 네 말이 막연하긴 하지만 좋은 사회를 만들어야지."

"범죄 없는 사회 만들기야말로 가장 중요한 일 아닌가요?"

"궁극적으로는 범죄 행위가 필요 없는 사회가 만들긴 해야지."

"그것 봐요! 사회의 암과 같은 범죄자야말로 하루 빨리 제거해야죠."

이제야 말이 좀 통하는가 싶다. 어느 시대, 어느 사회나 범죄를 없애는 게 중요한 개혁 과제였으니까. 내가 역사 공부를 좀 했잖아? 기독교에서 금과옥조처럼 여기는 십계명만 보더라도 그렇다. '도둑질하지 마라', '살인하지 마라' 등 온통 범법 행위를 금하는 이야기로 가득하다. 국가의 기반이 되는 법률의 대부분도 범죄에 대한 처벌 내용을 담고 있고. 내 말이 먹혀드는 것 같아서 기분 좋아하고 있는데, 아저씨가 또 미소를 머금은 얼굴로 말을 이어 간다.

"예슬이도 장발장 이야기는 알지?"

"당연히 알죠."

초등학생 때 동화책으로 읽었다. 원서는 《레 미제라블》이라는 두꺼운 책이라고 하던데, 내가 본 건 그냥 동화책으로 나온 짧은 이야기이다. 대신 영화로는 본 적이 있다. 가난 때문에 빵 한 조각을 훔쳤다가 19년간의 감옥살이를 한 주인공이 바로 장발장이다. 사회 배경에 대한 건 잘 모르겠고, 몇 가지만 내 기억에 남아 있다. 감옥에서 나온 후 교회 물건을 훔쳤다가 신부의 관용과 사랑으로 양심에 눈뜨게 된다. 여러 가지 우여곡절을 겪으며 시장이 되고, 다시 감옥에 갇힌 후 탈출하는 이야기, 장발장의 뒤를 좇는 어떤 경감을 피해가며 결국 가난한 여공의 딸을 보호하는 이야기 등이 펼쳐진다.

"그런데 장발장은 왜요?"

"잘 알겠지만, 장발장이 원래 악한 사람은 아니었잖아. 아주 어려서 부모를 여의고 가난에 찌들어 살다, 어느 해 겨울에 굶주리는 조카들을 보다 못해 빵집 유리창을 깨고 빵을 훔친 죄로 붙잡혔지. 견딜 수 없는 가난이 그를 범죄자로 만들었다고 봐야 하지 않아?"

"에이, 아저씨도 하나는 알고 둘은 모르네요."

"호오, 둘은 뭔데?"

"장발장은 정말 옛날이야기잖아요."

"그래? 지금은 어떻게 다른데?"

"요즘 범죄자들은 장발장처럼 배가 고파서 범죄를 저지르는 게 아니잖아요. 아프리카의 몇몇 나라처럼 기아에 시달리는 나라가 아니고서야 요즘 같은 세상에 누가 밥을 굶어요? 특히 우리나라처럼 산업화된 나라에서는 설사 가난하게 태어났다 하더라도 누구나 성실하게 일을 하면 밥 굶을 일이 없고요."

"그럼 왜 범죄가 일어날까?"

"땀 흘려 일하지 않고 편하게 살려는 나쁜 마음을 품으니까 다른 사람의 물건을 훔치거나 사람을 해치는 거잖아요. 그러니 선량한 사람들이 피해를 보지 않도록 범죄자들을 감옥에 가둬야죠."

"그러니까 예슬이 말은, 범죄자들이 원래 나쁜 성격을 가지고 있거나 도덕적으로 심각한 문제가 있기 때문에 범죄를 저지른다는 뜻이네?"

"당연하죠."

"한국에도 범죄가 꽤 많이 일어나는 편이지?"

"그럼요. TV를 보면 각종 강력 범죄 사건이 나오는 걸요."

"예를 들면 어떤?"

"여러 가지죠. 강도, 절도, 살인, 유괴, 성폭행 등 하루가 멀다 하고 끔찍한 범죄 소식이 나와요. 생각만 해도 무섭고 끔찍해요."

"예슬이도 범죄 대상이 될 수 있다는 생각을 해?"

"그럼요. 늦은 밤에 학원 끝나고 어두운 골목을 걸어갈 때는 무서운 걸요."

"아, 그래서 아파트 들어가는 데 절차가 까다로웠구나."

"절차요?"

"응. 어제 예슬이 아빠 자동차를 타고 오는데 아파트 입구부터 차단기가 있던걸. 지하 주차장에서 건물 입구로 들어가는 데도 출입문에 잠금장치가 되어 있어서 비밀번호를 누르던데? 집 현관문에도 열쇠가 이중으로 설치되어 있고."

"그 정도야 기본이죠."

"워낙 보안이 잘돼 있는 아파트니까 집에 있으면 안전하겠다."

"웬걸요. 집에 혼자 있을 때면 무서워요. 가끔 방문하는 사람이 있어도 웬만해서는 문을 안 열어 줘요. 대부분 택배 아저씨들인데 그냥 문 앞에 놓고 가시라고 하죠."

"아파트 단지나 엘리베이터 곳곳에 CCTV가 있던걸?"

"그래도 여전히 범죄가 일어나니까요. 아파트뿐 아니라 서울은 웬만한 길이나 골목에 대부분 CCTV가 설치되어 있지만 범죄는 줄어들 줄 몰라요."

"그렇구나."

"그러니까, 다시는 그런 나쁜 행위를 할 생각도 못하도록 강력하게 처벌하는 게 필요하죠. 아예 범죄자들을 사회에서 영구 격리시켰으면 좋겠어요."

"처벌이 모든 걸 해결해 주지는 않아. 범죄가 줄어들지도 않고."

"왜요?"

"어떤 나라에서 범죄가 많이 일어나는 것 같아?"

"글쎄요…."

"그냥 범죄, 하면 머리에 퍼뜩 떠오르는 나라 말이야."

"잘은 모르겠지만, 영화를 보면 범죄 장면이 자주 나오는 유명한 나라들은 있죠. 마피아로 유명한 미국이나 이탈리아, 갱이 활개를 치고 있는 러시아 등이 떠오르는데요."

"그래. 그런 나라들이 실제로 세계적으로 범죄율이 꽤 높아."

"아싸, 맞혔네."

"범죄와 가장 거리가 있어 보이는 나라는?"

"그건 좀 더 어려운데요."

"분란 없이 사람들이 가장 편하게 사는 나라를 떠올리면 쉽지."

"그러면 몇 나라 있죠. 스위스나 스웨덴, 노르웨이 같은 나라들이 아닐까요?"

"딩동댕!"

"정답이에요?"

"그래. 이번에도 맞혔네."

"제가 좀 똑똑하거든요. 헤헤."

"범죄율이 낮은 나라들의 공통점이 눈에 보이지 않아?"

"그러고 보니 흔히 복지 국가라고 불리는 나라네요."

"맞아. 그런데 왜 복지 국가에서는 범죄율이 낮을까?"

"복지가 잘돼 있어서 살기 편하니까, 자연스럽게 범죄가 적을 것 같은데요."

"복지 국가라고 하면 다른 무엇보다도 상대적으로 빈부 격차가 작은 나라들이잖아. 빈부 격차가 작다는 것은 열심히 노력하면 그 사회에서 얼마든지 중간 정도의 생활을 유지하기 쉽다는 뜻이기도 해. 이 말은 굳이 모험하거나 무리하지 않아도 된다는 의미지."

"그럼 아까 예로 든 범죄율이 높은 나라는요?"

"반대로 범죄율이 높은 나라들은 공통적으로 빈부 격차가 매우 커. 미국의 경우는 세계 최고의 부를 자랑하지만 다른 한편으로는 세계에서 가장 빈부 차가 심하잖아. 잘 알다시피 흑인이나 중남미 출신의 삶은 비참하기 짝이 없어. 이탈리아도 북부는 부유하지만 남부지역은 찢어지게 가난해. 그래서 남부 지역에 속하는 시칠리아가 마피아의 본고장 노릇을 하지. 러시아는 사회주의 몰락 이후, 극심한 불평등에 시달리고 있어. 한국 역시 심각한 양극화 때문에 몸살을 앓고 있는 것으로 유명하고."

"그럼 아저씨 말은 가난이 범죄를 일으킨다는 얘기예요?"

"미국을 예로 들자면, 흑인은 전체 인구의 10%를 조금 넘는 정도에 불과해. 하지만 감옥에 있는 범죄자 중 절반 가까이가 흑인이거든. 빈부 격차나 사회적 차별이 범죄율과 아주 연관이 깊다는 것을 알 수 있지."

"미국은 법적으로 총기를 소지할 수 있으니까 범죄율이 높은 것 아니에요?"

"총을 가지고 있다고 해서 범죄를 저지르는 건 아니야."

"총을 지니면 사용하고 싶어지잖아요. 뉴스를 보면 학교에 난입해서 무차별적으로 총을 난사하는 무서운 사람도 많던 걸요?"

"그렇게 말하면, 예슬이네 집에도 무서운 흉기가 있는 걸?"

"우리 집에요? 에이, 말도 안 돼요."

"생각해 봐. 주방에 날이 시퍼렇게 선 조리용 칼이 몇 개나 있잖아. 집집마다 몇 개씩은 있지. 농촌은 더 심해. 농가에는 낫이나 쇠스랑처럼 흉악한 무기로 쓸 수 있는 도구가 가득해. 그렇다고 해서 사람들이 칼이나 낫을 마구 휘두르지는 않잖아."

"그렇기는 하죠."

"미국도 마찬가지야. 범죄가 증가하는 것은 총기 허용 때문이라기보다는 다른 원인이 있는 거지. 만약 총기 소지가 문제라면 미국 인구 중 가장 많은 비율을 차지하고, 총도 더 많이 가진 백인의 범죄율이 압도적으로 높아야 말이 되지."

"하지만 가난하다고 해서 범죄를 저지르는 건 아니잖아요?"

"정확히 말하자면 가난보다는 빈부 격차나 사회적 차별이 문제지. 한국에서 도시와 농촌 중에 어디에서 주로 범죄가 일어나지?"

"에이, 그걸 말이라고 해요? 당연히 도시죠."

"그러면 어디가 잘살아?"

"아무래도 서울이나 대도시가 부유하고, 시골은 가난해요."

"맞아. 시골처럼 대부분의 사람이 가난하면 차라리 범죄율이 높지 않아. 다른 나라도 마찬가지야. 시골은 담도 없고, 문도 잠그지 않고 사는 경우가 많지만 범죄는 그다지 일어나지 않지. 반대로 대도시는 전체의 부는 넘쳐 나지만 가진 사람과 못 가진 사람의 차이가 현

격해."

"아직도 이해가 안 가는 면이 있어요. 빈부 격차가 크다 하더라도 나라가 웬만큼 잘살면 굶는 건 아니잖아요."

"사람들은 빈곤 자체보다도 빈곤하다고 느끼는 감정에 더 민감하거든. 빈부 격차가 큰 사회에서는 열심히 일하는 것만으로는 사회 구성원의 상당수가 중간 정도의 삶을 영위하기가 곤란해. 당연히 이런 사회에서는 일확천금을 꿈꾸는 사람이 많아지게 되지. 대박의 꿈을 실현하기 위한 방법이 뭐겠어? 도박이나 투기를 하고, 불법적인 수단을 이용해 이익을 키우려고 하지. 빈부 격차가 극심한 사회에서 가장 극단적인 방법으로 일확천금의 꿈을 좇는 것이 바로 범죄라고 봐야겠지."

"그렇다고 해서 범죄자의 책임이 없어지거나 적어지는 건 아니잖아요?"

"물론 범죄 자체는 나쁜 행위이기 때문에 자신의 행위에 대한 처벌은 받아야지. 문제는 범죄를 자꾸 범죄자 개인의 문제로 바라보는 시각이야. 흔히 생각하듯이 범죄자 개인의 도덕성 문제가 원인이라고 한다면, 미국이나 이탈리아 사람들 유전자에 범죄의 피가 흐른다는 말밖에 안 되잖아. 만약 그렇다면 옛날에도 범죄가 많이 일어났어야 하는데 실제로는 그렇지 않거든. 개인의 도덕성 문제와는 별개로 다른 요인을 살펴야지. 그만큼 겉으로 드러나는 현상 배후에 사회적 요인, 특히 경제적인 문제가 작용한다는 점을 잘 살펴야 한다는 이야기야."

2

"하지만 현실적으로 범죄자를 강력하게 처벌하면 범죄를 줄일 수 있긴 하잖아요."

"정말 그렇게 생각하니?"

"그럼요. 저뿐 아니라 대부분이 그렇게 생각할걸요?"

"대부분?"

"네, 보통 TV에 범죄 관련 뉴스가 나오면 저런 놈들은 다 사형시켜야 한다고 해요. 아빠만 하더라도 우리나라는 법이 물러 터져서 문제라고 항상 불만스러워하니까요."

"소매치기 범죄자를 평생 감옥에 가두면 어떤 일이 생길까?"

"처벌이 무서워서 범죄 행위를 안 하겠죠."

"하지만 현실은 전혀 아닌걸. 미국이나 한국은 처벌 중심의 법 집행을 하고 있는 나라로 유명해. 예를 들어 한국에서도 예전에 대통령이 직접 나서서 범죄와의 전쟁을 선포하고 사소한 범죄에 대해서도 강력하게 처벌했거든."

"그래서 범죄가 줄지 않았나요?"

"줄기는커녕 그 이후에도 꾸준히 범죄율이 높아졌고, 특히 강력 범죄가 더 극성을 부렸지. 비슷한 경험을 가진 미국도 마찬가지 결과였고. 가혹한 처벌로 범죄 문제가 해결되기 어렵다는 것을 보여 주고 있는 셈이야."

"소매치기나 절도범은 그렇다고 쳐요. 하지만 정말 죄질이 나쁜 범죄자, 예를 들어 강도 짓을 하는 범죄자들은 극형에 처해야 마땅하지 않아요?"

"오히려 범죄가 더 흉악해지는 결과를 초래하지 않을까?"

"더 흉악해진다고요?"

"강도를 모두 사형에 처하면 강도들은 어떻게 행동할까? 강도 짓을 안 하기보다는 잡히지 않기 위해 살인 행위로 이어지는 경우가 많아질 거야."

"그럼 아저씨는 범죄자들을 처벌하지 말자는 거예요?"

"그럴 리가 있겠어. 범죄를 저지르면 당연히 벌을 받아야지."

"어떻게요?"

"처벌 강화가 문제를 해결하는 방법은 아니라는 거지. 좀 전에 왜 범죄가 늘어나는지에 대해 말했잖아. 범죄자 개인도 문제지만, 사회적 원인도 그 이상으로 중요해. 그러니까 진정으로 범죄를 줄이고자 한다면 빈부 격차와 사회적 차별을 줄이는 적극적 조치가 함께 가야 한다는 얘기야."

"그러면 정말 범죄가 획기적으로 줄어들까요?"

"지금보다는 나아지겠지. 물론 자본주의 사회에서는 아무리 사회적 환경 문제를 법에 적극적으로 수용한다고 해도 법 자체가 불공평하기 때문에 한계가 있지만."

"아저씨, 점점 모를 말을 하시네요. 자본주의 사회에서 법이 왜 불공평해요?"

"자본주의 사회에서는 법이 이미 특정 계급에게 유리하도록 만들어져 있으니까."

"특정 계급이라뇨?"

"자본주의 사회니까 당연히 자본가 계급에게 유리하도록 만들어져 있지."

"말도 안 돼요! 법이 어떻게 특정한 사람들에게 유리할 수 있어요?"

"편파적인 경우가 얼마든지 있지."

"설마요. 도둑질은 부자가 하든 가난한 사람이 하든 모두 처벌받잖아요."

"그럼 예슬이에게 몇 가지 물어볼게. 보통 사람이 도둑질하면 어떻게 돼?"

"재판을 받고 감옥에 가죠."

"그렇지? 단 몇만 원을 훔쳐도, 벌금이나 합의금을 낼 돈이 없으면 감옥에 가지?"

"당연하죠."

"그럼 기업의 가격 담합은 어떻게 봐야 하지?"

"가격 담합이 뭐예요?"

"몇몇 기업끼리 물건 가격을 몰래 짜고 함께 올리는 짓 말이야."

"아! 그거요. 우리나라에서도 자주 있는 일이에요. TV를 보면 주유소 기름값 담합이다, 라면값 담합이다 하는 뉴스가 종종 나오거든요. 특히 제가 좋아하는 간식도 담합으로 가격을 올린다는 이야기를 들었어요."

"어떤 간식?"

"치킨이요. 제가 프라이드치킨을 무지 좋아하거든요. 그런데 지난 몇 년간 보면 비슷한 시기에 비슷한 가격으로 여러 업체의 치킨 가격이 동시에 올랐어요. 언젠가 뉴스에서 치킨 가격도 주요 프랜차이즈 업체끼리 몰래 협의해서 올린다고 하더라고요."

"기업이 가격 담합을 하는 건 도둑질이야, 아니야?"

"글쎄요, 도둑질 같기는 한데…."

"같은 정도가 아니라 정말 심각하게 큰 도둑질이지. 일반 절도범이야 한 집이나 기껏해야 몇 집에서 돈을 훔친 거잖아. 하지만 가격 담합은 온 국민을 대상으로 도둑질하는 것 아니야? 전체 액수도 어마어마할 테고."

"듣고 보니 그렇네요. 그런데 그게 왜요?"

"주유소 기름, 라면, 치킨 등 온갖 품목에서 기업의 가격 담합이 비일비재한 것을 누구나 다 알고 있는데, 실제로 그 기업 자본가가 제대로 처벌받는 걸 본 적 있어? 그냥 넘어가거나 혹시 문제가 되어서 처벌받는다 해도 이미 챙긴 돈의 몇 분의 일, 몇십 분의 일도 채 안 되는 벌금으로 끝나는 경우가 대부분이야. 일반 범죄자는 몇만 원만 훔쳐도 감옥에 보내는데 수십억에서 수백억 원에 이르는 천문학적인 액수를 도둑질한 기업의 가격 담합은 사실상 처벌을 안 하는 거나 마찬가지잖아. 그러니 어떻게 법이 모든 사람에게 공평하다고 할 수 있겠어?”

“그렇기는 하네요. 그래도 제한적으로 나타나는 현상 아닌가요?”

“다른 사람의 신체에 해를 입히는 경우도 마찬가지야.”

“에이, 설마 그런 경우에도 편파적인 경우가 있으려고요….”

“폭행으로 다른 사람 신체에 해를 입히면 어떻게 돼?”

“정도가 심하면 당연히 감옥에 가죠.”

“누군가에게 독극물을 먹이면?”

“에이 아저씨, 저 놀리세요? 그런 사람은 정말 오랫동안 감옥에
가두거나 상대방이 죽기라도 하면 사형을 선고하기도 할 걸요.”

“그래, 예슬이 말대로 개인 폭행 사건은 특정한 사람의 신체에
해를 입히는 정도로도 감옥에 보내거나 극형에 처해. 하지만 기업의
경우는 불특정 다수에게 큰 해를 입히고도 고작 벌금으로 처벌이 끝
나는 경우도 많아.”

“아저씨, 근거가 없으면 저 화낼 거예요.”

“기업이 과자나 식품에 암 유발물질로 분류된 첨가물을 넣는 경
우가 종종 있잖아. 독극물에 해당하는 중금속 오염 물질을 시민이 식
수로 사용하는 강물에 몰래 방류하는 기업도 있고.”

“그런 뉴스도 종종 접하긴 하죠.”

“당연히 수많은 사람의 신체에 큰 해를 끼치는 행위지. 하지만
이 경우에도 자본가가 감옥에 가거나 사형 선고를 받기는커녕 대부
분 벌금형으로 끝나.”

"그런 얘기도 들은 것 같네."

뭔가 반박하고 싶어도 아저씨 말을 부정하기가 어렵다. 하나같이 우리가 TV나 신문을 통해 일상적으로 접하는 일들이니까. 특히 식품 문제는 심각하다. 우리 아빠만 하더라도 뉴스를 보다가 관련된 사건 보도가 나오면 사람들 먹는 음식에 유해 물질을 넣는 인간들은 전부 평생 감옥에 가둬야 한다고 화를 내니까. 그런데 단 한 번도 그런 기업 사장이 감옥에 갔다는 소식은 들어 본 적이 없다.

가격 담합 문제도 완전 눈 가리고 아웅이다. 국민 누구나 대부분의 기업이 일상적으로 서로 협의하여 가격을 동시에 올린다는 사실을 알고 있다. 주유소 기름이나 프랜차이즈 간식은 말할 것도 없고, 우유나 채소와 같이 거의 매일 먹는 식품, 하다못해 아이들이 먹는 과자조차 신기하게 동시에 가격이 오른다. 한번 올라가면 절대 내려가지 않고. 하지만 정부에서는 적발이 쉽지 않다는 이유로 그냥 넘어가는 경우가 대부분이다. 그나마 적발해도 벌금으로 끝나곤 한다.

"더 분통 터지는 건 수많은 사람의 돈을 사실상 갈취하는 행위인데도 법의 보호를 받는 경우조차 적지 않다는 사실이야."

"정말요?"

"자본주의 사회에서 투자라는 허울 좋은 이름으로 횡행하고 있는 주식 투기나 부동산 투기가 대표적이지."

"아저씨 생각이 좀 편협한 것 아니에요? 투자는 재산 증식을 위한 정당한 방법으로 알고 있는데요."

"그렇기만 하다면 얼마나 좋겠니. 투기는 도박의 원리와 똑같아. 예슬이는 도박에서 모두가 돈을 딸 수 있다고 생각해?"

"잃는 사람이 있으니, 따는 사람도 있겠죠."

"부동산 투자부터 볼까? 기업이나 막대한 자본을 가진 사람들은 지역 개발을 비롯해 각종 정보를 갖고 있기 때문에 헐값으로 그 지역의 땅을 사들여. 이어서 돈이 좀 있는 개인 투자자가 이미 가격이 일정하게 오른 상태에서 뒤늦게 뛰어들지. 연쇄적으로 전체 부동산 가격의 가파른 상승이 나타나고. 그러면 결국 대부분의 서민은 자기가 가진 돈의 가치가 하락한 꼴이 되거든. 앉은 자리에서 자기가 가진 돈을 뺏긴 것이나 마찬가지의 결과가 돼 버려."

"생각지도 못한 문제가 있었네요."

"주식 투자도 마찬가지야. 기업이나 투기 자본가들은 고급 정보를 이용해서 주식을 언제 사고 언제 팔아야 할지를 잘 알아. 하지만 개인 투자자들은 언제나 지나치게 가격이 올라 버린 상태에서 주식을 사는 경우가 많지. 자본을 손에 쥔 사람들은 가격이 하락하기 직전에 팔아서 큰 차익을 남기지만 일반 개인은 그 손실을 고스란히 떠안곤 해. 운 좋게 눈치 빠른 몇몇 개인은 제법 큰돈을 벌지만 개인 투자자의 다수는 손실을 입어."

"어쩐지. 엄마가 아빠에게 절대 주식 투자는 하지 말라고 평소에 신신당부 하거든요. 엄마 주변 사람 중에 남편이 주식에 손댔다가 큰 손해를 본 사람이 꽤 많다고 하더라고요. 심한 경우 오랜 기간 어렵게 돈 모아서 산 집도 날리곤 하나 봐요."

"이 모든 과정이 자본주의 사회에서는 투자라는 명목으로 정당화돼. 실제 사정을 보면 소수 자본가에게 절대적으로 유리한 투기 행위에 불과한데 말이야."

"경제와 관련된 이야기가 나오니까 잘 모르겠어요."

"심지어 있는 법을 집행하는 과정에서조차 불공평한 결과가 나타나기도 해. 재벌 총수가 수백억 원에서 수천억 원에 이르는 불법적인 비자금을 조성해서 문제가 되는 경우가 적지 않지만, 재판을 받고 그냥 풀려나거나 기껏해야 1~2년 감옥살이로 끝내고 내보내잖아. 아마 보통 사람이 이 정도 액수를 횡령했다면 최소한 무기징역 정도는 선고 받을걸?"

"아저씨 말을 들을수록 사회에 대한 실망 때문에 기운이 빠지는 느낌이에요."

"하나하나 예를 들자면 밤 새워 얘기해도 모자랄 거야."

"아직도 이해가 잘 안 가는 게 하나 있어요. 법은 국민 전체가 만드는 건데, 왜 그런 일이 생길까요?"

"정말 법을 국민 전체가 만들까?"

아니, 아저씨가 나를 바보로 아나? 아니면 우리나라를 교육 후진국쯤으로 생각하나? 그 정도는 이미 학교 사회 수업 시간에 기본적으로 배운 내용인데 말이다. 대의 민주주의에 대해서는 이미 여러 번 배우고 시험도 본 적이 있어서 기본 원리를 달달 외울 정도인데, 기본

상식을 설마 내가 모를까.

"당연하죠. 국민이 선거를 통해 국회의원을 뽑고, 그 국회의원들이 법을 만드니까요."

"예슬이가 역사를 좋아한다고 했지?"

"네, 역사책을 볼 때가 제일 재미있거든요."

"그럼 언제부터 근대 의회 제도가 만들어졌는지 잘 알겠네."

"너무 쉬운 문제네요. 프랑스 대혁명을 계기로 근대 의회 제도가 시작됐죠."

"호오, 똑똑하네. 1789년 프랑스 대혁명 이후 선거를 통해 구성된 의회에서 근대 헌법이 만들어졌지. 그렇게 만들어진 근대 헌법이 현대 헌법의 기초가 되었고. 그런데 당시 누구에게 투표권이 주어졌을까?"

"지금과 비슷하지 않았나요? 일정 나이가 된 모든 사람에게요."

"예상과는 달리 재산과 성별을 기준으로 투표권을 줬어. 먼저 일정한 기준 이상의 재산을 가진 사람에게만 권리가 있었지. 그 정도의 재산을 가질 수 있는 사람은 귀족과 시민 계급뿐이었어. 시민 계급이란 부르주아지, 즉 자본가를 말해. 또 오직 남성에게만 투표권이 있었어. 재산의 정도와 무관하게 모든 여성은 아무런 권리가 없었지."

"애개, 고작 그 정도의 사람들에게만요?"

"응, 재산과 무관하게 노동자를 비롯해 농민과 빈민에게도 투표권이 주어진 것은 20세기 초반이 되어서야. 그나마 여성은 더 늦게 권리를 보장받았고. 100년이 넘도록 인구의 대부분을 차지하는 가난한 사람들은 권리가 없는 상태였지. 그 기간 동안에 현대 법의 골간이 되는 조항들이 대부분 만들어졌어. 이미 프랑스 대혁명 이후 주도권은 시민 계급이 쥐고 있었으니 당연히 누구에게 유리하게 법을 만들었겠니?"

"보나마나 빤하네요."

"그래, 모든 게 자본가에게 일방적으로 유리하도록 만들어졌지. 형벌도 가난한 사람에게는 가혹하고 기업이 다수의 사람에게 피해를 주는 행위에 대해서는 관대하게 만들어졌지."

"그렇군요. 하지만 적어도 20세기 초반에 보통선거권이 주어진 다음부터는 국민 다수의 뜻에 따라 법을 만든 거 아니에요?"

"그게 그리 만만치가 않아. 국회의원이 바꿀 수 있는 건 법률이지 헌법은 아니거든. 법은 헌법의 틀을 벗어날 수 없고. 그런데 자본가에게 유리한 법의 기본 원리가 헌법으로 정해져 있어서 국회에서 할 수 있는 게 그리 많지 않아."

"제가 알기로는 국회에서 헌법 개정안을 낼 수 있는데…."

"헌법 개정안이 통과되려면 국회의원 3분의 2가 동의해야 하는데, 산업 국가 중에 기업가의 이해를 대변하는 보수당이 전체 의석의 3분의 1 이상을 차지하지 않는 나라가 없다는 점을 고려하면, 사실상 불가능하다고 봐야지."

"아저씨 얘기를 들을수록 제가 학교에서 배운 거랑 달라서 혼란

2

마르크스,
소매치기를
당하다

스러워요."

"뭐가 그리 다른데?"

"대의제 민주주의는 공정한 절차를 가지고 있어서 누구든 다수를 설득하면 된다고 배웠거든요."

"공정한 절차? 마치 운동 경기 규칙처럼?"

"뭐 비슷한 거 아닌가요? 축구나 야구의 경기 규칙은 어느 팀에도 불리한 게 아니잖아요. 실력이 있으면 이기고요. 선거 절차도 마찬가지로 공정하고요."

"과연 대의제 선거 규칙이 스포츠 규칙처럼 중립적일까?"

"어쨌든 다수를 설득한 사람이 이기는 거잖아요. 그런 면에서 누구에게나 기회가 주어지고요."

"미국의 주지사나 상원의원, 일본의 중의원 중에 적지 않은 사람이 선거를 통해 할아버지, 아버지에 이어서 그 직책을 맡고 있어. 선거라는 절차를 거쳤지만 결과적으로는 대대로 의원이나 주지사로 선출되고 있지."

"어라? 이상하네요. 왜 그런가요?"

"선거를 중립적 절차로만 볼 수 없다는 걸 보여 주는 게 아닐까?"

"답답하네. 그러니까 왜 그런 신기한 일이 벌어지느냐고요?"

"선거라는 게 현실적으로는 철저하게 돈을 통해서 이루어지기 때문이지. 언론만 하더라도 그래. 선거에는 언론을 통한 여론 형성이 막강한 위력을 발휘하는데, 알다시피 한국에서는 대기업이 직접 언론

사를 운영하든가 아니면 광고주의 힘을 이용하여 조종하는 경우가 많잖아. 선거운동 조직을 움직이기 위해 필요한 막대한 돈 문제도 마찬가지이고. 결국 이미 부를 갖추고 정치적 인맥을 구축한 세력에게 유리할 수밖에 없는 절차지. 짜고 치는 고스톱은 아니라도 자본가처럼 기득권을 가지고 있는 세력에게 유리한 건 맞아."

"뭐가 그 따위래요?"

"적어도 공정한 게임의 규칙이라고는 볼 수 없지. 프로 축구팀과 초등학교 축구팀이 경기하는 거나 마찬가지야. 그러니 선거는 거듭되지만 노동자나 서민의 의사는 별로 반영되지 않아. 그러니 보통선거권이 주어지고 100년이 지났는데도 가난한 사람에게 불리한 형벌이 그대로인 채 살아가야 하는 게 현실이지."

"아! 몰라요, 몰라! 아저씨 때문에 머리만 복잡해요!"

"내가 예슬이를 괴롭힌 거야?"

"그놈의 소매치기 이야기를 괜히 꺼내서 제 머리만 아파요."

"아직도 소매치기범은 모조리 극형에 처하고 싶어?"

"그만 놀리세요!"

"허허, 알았어 알았어."

"그나저나 아빠 직업과 일에 대해 꼭 물어봐 주세요."

"네! 명심하겠습니다. 꼬마 아가씨!"

"정말 꼭이요!"

저녁 시간이 다 돼서 커피숍에서 일어났다. 밖으로 나왔더니 어느새 주변이 조금씩 어둑어둑해졌다. 퇴근 시간이 겹쳐서 도로에는 직장인들까지 쏟아져 나오는 중이다. 이 골목 저 골목에 가득한 가게들은 벌써 네온사인을 환하게 밝혀 놓았다. 지하철은 이제 완전히 만원이고.

여기저기 하루 종일 싸돌아다녀서인지 참 하루가 길었다. 긴 하루 덕분에 달라진 것도 있다. 아침에 집에서 나올 때만 해도 아저씨랑 있는 게 어색하기 짝이 없었는데, 하루 사이에 한결 가까워진 느낌이다. 여전히 어수룩해 보이긴 하지만 마음씨 하나는 맑은 분인 듯하다. 내일부터는 조금은 더 편하게 대할 수 있겠지.

3

우리 아빠는 노동자인가?

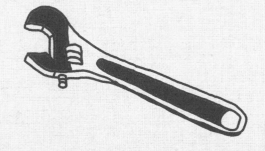

마르크스 아저씨가 우리 집에 온 지 며칠 지나고 나서 정말 아빠 회사에 견학을 갔다. 회사에서 별 문제 없다고 했다. 오전에 서울에 있는 본사 건물을 방문하고, 오후에는 가장 가까이에 있는 생산 공장을 들르는 일정이다. 두 곳 모두 아빠가 안내하기로 했고, 좋은 기회니까 같이 가면 안 되겠냐고 하니 흔쾌히 그러자고 하신다.

아빠 출근 시간에 맞춰 나가야 해서 아침부터 분주했다. 아빠와 아저씨, 그리고 나 세 사람이 동시에 외출 준비로 왔다 갔다 하고 있자니 집이 꽉 찬 느낌이다. 엄마도 아침 식사 준비하면서 공연히 마음이 바쁘신 것 같고, 나 또한 아빠 회사는 처음 가 보는 거라 마음이 조금 설렌다.

아저씨가 서울 시내 모습을 더 자세히 보겠다며 앞좌석에 앉았고, 덕분에 나는 뒷좌석에 혼자 편하게 앉았다. 조금 일찍 출발했는데도 출근길 도로 사정은 장난이 아니다. 평소 학교에 갈 때도 막히긴 하지만 나야 고작 두어 정거장 거리니 참을 만했다. 하지만 아빠 차를 타고 출근길에 도심으로 들어서는 길은 너무 심하다 싶은 정도

다. 아저씨도 이렇게 심한 교통 체증은 처음인가 보다.

"서울의 출퇴근 교통 사정을 듣기는 했지만 이 정도일 줄은 몰랐네요."

"저는 매일 출퇴근 시간에 겪는 일인 걸요."

"보통 어느 정도나 걸리는데요?"

"평상시라면 30분이면 갈 거리인데 출근 시간에는 거의 한 시간 반 가까이 걸리죠. 퇴근 시간이 조금 덜하긴 하지만 한 시간 이상 걸리기는 마찬가지고요."

"어휴, 하루에 거의 세 시간 정도를 길거리에 버리는 거네요."

"그런 셈이죠."

"매일 그 정도면 회사에 가서도 지치지 않나요?"

"아무래도 몸과 마음이 축 처질 때가 있죠. 특히 전날 일이 많았거나 회식이 있어서 피곤한 경우면 더하고요."

"회사 근처에 살면 훨씬 편할 텐데요."

"누가 그걸 모르겠어요. 도심 아파트 가격은 우리 같은 회사원이 엄두도 못 낼 정도로 비싸거든요."

"그렇군요."

"유럽은 출퇴근하는 길이 고생스럽지 않나요?"

"유럽에도 러시아워(rush hour)가 있지만 이 정도는 아니죠. 게다가 파리나 런던을 비롯한 유럽 대부분의 대도시는 수백 년 전 건물과 도로가 거의 그대로 보존된 경우가 많아서 찻길이 좁은데도 서울처럼 막히지는 않아요. 이렇게 넓은 찻길이 거대한 주차장으로 변해서 차들이 좀처럼 움직일 생각을 안 하니….”

“다들 겪는 일이니 그러려니 해야죠, 뭐.”

“한국 사람들 인내심이 징밀 대단하네요.”

“인내심이요?”

“매일 아침저녁으로 이런 전쟁을 치르면서도 견디니 말이에요.”

“많이 피곤하지만 어쩌겠어요.”

나도 아빠가 매일 이 정도로 심한 출근 전쟁을 하고 있는지는 몰랐다. 그저 나보다 더 오래 차 안에 있겠다고 생각했을 뿐이다. 하기야 아침에 일어날 때도 피곤해서 힘들어 하던 모습이었는데 말이다. 엄마가 몇 번을 흔들어 깨워야 겨우 일어나니까. 입맛이 없다면서 아침도 먹는 둥 마는 둥 몇 숟갈 뜨고 부랴부랴 현관문을 나서곤 하신다. 그렇게 집을 나서서 다시 운전대를 잡고 상당히 긴 시간 짜증나는 상황을 매일 겪는지는 몰랐다. 그래서인가 오늘따라 운전하는 아빠 뒷모습이 더 지쳐 보인다.

한참을 차 안에서 시달린 후에 거의 회사 근처까지 갔는데 도로가 더 막힌다.

“이상하네. 여기는 이 정도로 심하게 막히는 길이 아닌데….”

아빠는 회사 근처 교통 체증이 다른 날보다 훨씬 심하다며 투덜거린다. 옆에 묵묵히 앉아 있는 아저씨에게 좀 미안했는지 눈치를 보는 것 같다. 인도 바로 옆 자동차들이 자꾸 차선 변경을 하는 바람에

더 밀리는 상황이다. 그렇게 거북이걸음으로 조금씩 가는데 뭔가 시
끄러운 소리가 들린다. 아빠가 소리의 정체와 회사 근처 도로 상황이
오늘 왜 이 지경인지 알겠다는 듯이 버럭 화를 낸다.

"뭐야? 또 저 인간들 때문이었던 거야?"

"무슨 일인데요?"

아저씨도 고개를 창 쪽으로 쭉 내밀고 소리가 나는 방향을 살피
지만 어떤 상황인지 모르겠는가 보다. 나 역시 아빠가 왜 화를 내는
지 영문을 모르겠다.

"저 인간들이 종종 회사 앞에 모여들어 소란을 피우거든요."

"누가요?"

"생산 공장에서 일하던 해고 노동자들인데, 몇 개월 째 일주일에
한두 번은 아침부터 모여서 저런다니까요. 출근 시간에는 교통이 막
히고 낮에는 소란스럽고."

아빠 말에 아저씨가 뭔가 한마디 하려다 말고 차 유리창을 내려
앞을 살핀다. 회사 건물 근처에 다다르니 상황이 한눈에 보인다. 푸른
작업복 차림의 노동자 수십 명이 회사 앞 조그만 광장에 모여 앉아
서 집회를 하는 중이다. 하나같이 머리에는 '단결투쟁'이라는 글귀가
선명하게 적힌 붉은색 머리띠를 매고, 여기저기 치켜든 피켓에는 '부
당 정리해고 철회하라'거나 '악덕 기업주 물러가라'는 구호가 적혀 있
다. 이들 주변에는 더 많은 경찰이 삼엄한 경계 태세다. 회사 건물에
인접한 차도에는 여러 대의 전투경찰 버스가 줄지어 서 있다. 정차한

경찰 버스를 피해 가려는 자동차들이 차선 변경을 하면서 차량들이 뒤죽박죽 얽혀 극심한 정체가 계속되는 상황이다.

아저씨도 이제 상황 파악이 되었는가 보다. 유리창 밖으로 고개를 반쯤 내놓은 채 집회 상면을 유심히 살핀다. 우리가 탄 차가 거의 회사 앞까지 도달하자, 대열 맨 앞에서 핸드 마이크를 들고 연설하는 사람의 목소리도 더 또렷하게 들린다.

"우리가 왜 이 길바닥에 내처져야 한단 말입니까? 대한민국에서 가장 잘나가고, 실적도 가장 좋다는 이 기업에서 정리해고가 도대체 웬 말입니까? 누가 봐도 회사 사정 때문이라는 정리해고 사유는 말도 안 되는 핑계에 불과합니다. 노동자의 정당한 권리인 노동조합 활동을 약화시키려는 악덕 자본의 탄압에 우리는 이대로 무릎을 꿇을 수 없습니다."

여기저기서 큰 박수와 함성 소리가 터지고, 이어 대열에서 "부당한 정리해고 즉각 철회하라!"라는 구호를 몇 차례 반복적으로 외친다.

"십여 년 이상을 이 회사에서 뼈 빠지게 일해 왔지만 어느 날 느닷없이 정리해고 통지서 한 장을 받아들고 길거리로 쫓겨나야 했습니다. 회사나 정부는 법대로 했으니 문제될 게 전혀 없다는 말만 되풀이할 뿐입니다. 도대체 누구를 위한 법이고 정부란 말입니까?"

함성과 함께 몇 차례 구호가 이어진다. 말끔한 양복 차림의 본사 회사원들은 이들의 집회를 외면하듯이 바쁜 발걸음을 재촉하며 건물 안으로 들어간다. 경비원으로 보이는 사람 십여 명이 건물 현관쪽에 경계하며 서 있을 뿐, 집회 대열 주변에서 이들의 호소를 관심 있게 듣는 사람은 별로 없는 듯하다. 도로에 줄지어 서 있는 경찰차와 집회 장소 옆에서 언제든지 투입이 가능한 태세로 늘어서 있는 전투 경찰대의 모습이 오히려 더 두드러져 보인다. 집회를 하는 사람들이 마치 외로운 섬처럼 느껴질 정도다.

마르크스 아저씨는 한 장면도 놓치지 않겠다는 듯 시선을 고정하고 있다. 차가 건물 앞을 지나 지하 주차장으로 내려가는 동안에도 창밖으로 고개를 돌려가며 집회에서 터져나오는 소리에 귀를 기울인다. 며칠 사이에 본 모습 가운데 가장 진지하고 심각하다.

지하에 주차한 후 엘리베이터를 타고 제일 먼저 아빠가 일하는 부서로 갔다. 먼저 부장님이라는 분과 인사를 나눴는데, 아빠 직속 상급자인 눈치다. 아저씨를 소개하면서 몇 마디 말을 나누는데 아빠가 굽실거리는 모습이 역력하다. 학교에서 담임 선생님이 교감 선생님에게 보이는 태도랑 비슷했다. 이번에는 부장님의 안내로 다시 엘리베이터를 타고 몇 층을 더 올라가서 이사라는 분과 인사를 하는 자리가 이어졌다.

오가는 대화는 거의 비슷했다. 내가 보기에는 지극히 형식적인 이야기를 뭘 그리 진지하게 하는지 모르겠다. 우리 회사를 방문해 줘서 고맙다는 말, 유럽에서의 시장 점유율 증가 추세를 자랑하는 말, 혹시 유럽에 돌아가서 우리 회사에 대해 언급할 일이 있을 때 좋은 내용 부탁한다는 말, 회사를 둘러보는 데 불편함이 없도록 과장이 잘 안내할 거라는 말 등이 전부였다.

내가 살짝 충격을 받은 건 아빠의 태도였다. 아빠가 누군가에게 그렇게 낮은 자세를 보일 거라고는 단 한 번도 생각해 본 적이 없었다. 집에서는 늘 당당하고 언제나 자신감에 차 있는 모습이었으니까. 누군가의 비위를 맞추거나 눈치를 본 적이 지금까지 살아오면서 전혀 없는 사람 같았다. 어떤 일에서든 엄마와 나 앞에서는 조금의 망설임도 없이 언제나 확신에 가득 차 있었다.

하지만 부장 앞에서의 아빠는 전혀 달랐다. 자신의 생각을 말하기보다는 주로 듣고 그렇게 하겠다는 대답이 뒤를 이었다. 딱딱 끊어지는 권위적인 말투는 어디론가 사라져 버리고, 말끝을 흐리면서 지극히 공손한 태도로 바뀌었다. 이사라는 사람을 만난 자리에서는 더 가관이었다. 아빠에게 고압적인 자세로 지시하듯이 말하던 부장님은 온데간데없이 사라져 버리고, 공손하고 싹싹한 모습으로 순식간에 변신했다. 아빠는 아예 한 마디도 못하고 쩔쩔매는 듯했다.

어쨌든 별로 유쾌하지 않은 기분으로 형식적인 자리를 마치고, 아빠의 안내로 회사 이곳저곳을 둘러보는 시간을 가졌다. 각 층을 돌며 회사의 주요 부서들을 둘러보고, 각각의 업무 특징에 대해 설명을 들었다. 저들이 다 무슨 일을 하나 싶을 정도로 수많은 직원이 일을 하는 중이었다. 주로 아빠가 설명하고 아저씨가 들었는데, 이번엔 아저씨가 아빠가 일하는 부서에 대해 몇 마디 물었다.

"그런데 예슬이 아빠는 회사에서 주로 어떤 일을 하세요?"

"제품 기획 분야죠."

"기획이라면?"

"기획에도 여러 분야가 있는데, 저는 주로 기존 제품에 대한 소비자의 반응을 조사하고 그것을 새로운 제품 기획에 반영하는 일을 합니다."

"일은 재미있나요?"

"골치 아픈 경우가 많아요."

"뭐가요?"

"소비자 반응이란 게 워낙 변덕스러운 경우가 많거든요. 특히 한국 소비자는 전 세계를 통틀어 변덕이 심하기로 유명해요."

"어떤 점에서요?"

"신제품이 나와도 금방 질리는 경향이 강하거든요. 그래서 자칫 반응 체크를 소홀히 했다가는 경쟁사의 새로운 모델에 추격을 당하곤 해요."

"일이 많겠네요."

"골치 아프기도 하고, 무엇보다도 일이 늦게 끝날 때가 많죠."

회사를 돌면서 만난 사람 중에 마르크스 아저씨를 보며 놀라는 사람들도 적지 않았는데, 나이에 따라 상반된 반응이 나타나는 현상이 흥미로웠다. 아빠가 인사를 하는 것으로 봐서 아빠의 상급자인 듯한, 나이가 좀 있어 보이는 사람들은 대체로 마르크스 아저씨에게 곱지 않은 시선을 보내는 경우가 많았다. 물론 20~30대 직원들 가운데 서도 그런 사람이 없는 건 아니었지만 그래도 호의적인 눈길을 보내는 경우가 어느 정도는 있었다. 그중에는 다가와서 반갑게 인사를 건네는 사람도 있었고, 어떤 사람은 아빠가 조금 떨어져 있을 때 귓속말로 조그맣게 평소에 존경했다는 말을 하고 황급히 자리를 뜨기도 했다.

우리는 직원 식당에서 간단하게 점심 식사를 하고, 가까운 수도권 공장으로 이동하기 위해 다시 차를 탔다. 운전을 하면서 아빠는 꽤 뿌듯한 표정으로 회사 자랑을 한다. 아빠네 회사의 전자 제품이 유럽 시장에서 갈수록 인기라는 얘기가 그렇게 좋은가 보다. 특히 애플이나 소니 등 유명 기업과 전 세계 시장을 상대로 선두를 다투는 경쟁력은, 본사에서 일하는 직원들의 머리에서 나온다는 말을 하면서는 입꼬리가 아주 귀에 걸렸다. 아빠는 자신이 마치 회사의 분신이라도 된 듯한 모습이다. 아빠의 회사 자랑이 식을 줄 모르며 이어지자 아저씨가 슬쩍 화제를 바꾸며 질문을 한다.

"한국 기업의 활약상은 정말 놀라울 정도예요. 특히 S사는 웬만한 유럽 사람들도 잘 알고 있고요. 그런데 일하면서 어려움은 없나요?"

"경쟁 회사들이 워낙 막강하니까 항상 긴장의 연속이죠."

"아니, 회사 전체의 어려움 말고 예슬이 아빠의 개인적인 어려움 말입니다."

"개인적이라면?"

"한국에서 노동자로 살아가는 게 힘들지는 않나요?"

노동자 이야기가 나오자마자 아빠의 표정이 잠시 이상하다. 어리둥절해 보이기도 하고 기분이 살짝 언짢은 듯도 하고. 하여튼 좋은 표정은 아니다. 조금은 불만스럽게 묻는다.

"노동자라뇨? 여기 누가 노동자가 있나요?"

이번에는 마르크스 아저씨가 의아한 모습으로 되묻는다.

"노동자가 아니었어요? 기업에 근무하는데…."

"노동자는 아니죠."

"노동자가 아니면 뭐라고 해야 하죠?"

"회사원이죠."

"회사원은 노동자가 아닌가요?"

"그게…."

잠깐 아빠의 말문이 막히는 듯하다. 어떻게 설명을 해 줘야 하는지 생각하는 눈치다. 생각해 보니 그동안 아빠가 스스로를 노동자라고 말한 적이 한 번도 없었다. 그래서인지 나 역시 아버지를 노동자라고 생각해 본 적이 없고. 그러고 보니 나도 헷갈리기도 하고 궁금하기도 하다. 아빠는 노동자인가? 아니면 뭐라고 해야 하나? 아빠가 다시 말을 잇는다.

"보통 노동자라고 하면 공장에서 일하는 사람들을 말하죠. 사무실에서 일하는 우리는 노동자와 구분해서 흔히 관리자라 부르고요."

"그거야 육체노동이냐 정신노동이냐의 차이지, 노동자인지 아닌지의 구분은 아니죠. 그래서 블루칼라 노동자와 화이트칼라 노동자로 구분하잖아요? 예슬이 아빠는 후자에 속하고요."

"물론 그렇게 구분하는데 그래도 단순히 기름때 묻은 작업복을 입느냐, 양복을 입느냐의 차이만은 아니죠. 노동할 때 단순히 손과 머리 중에 무엇을 주로 이용하느냐의 차이만은 아니라고요."

"그러면 어떤 차이가 있죠?"

"공장 노동자는 정해진 일을 단순히 반복하는 작업을 하잖아요? 하지만 우리는 스스로 판단하죠."

"스스로 판단을 한다고요? 정말요?"

"그럼요. 새로운 아이디어를 내고, 실행에 옮길 기획안을 만들기도 하니까요."

처음에는 조금 당황한 듯 보인 아빠가 이제는 득의에 찬 표정으로 활기차게 말한다. 마르크스 아저씨가 조금은 어이없어 하는 모습으로 캐묻는다.

"아이디어나 기획안을 내놓기야 하겠죠. 하지만 어떤 물건을 얼마나 생산할지를 직접 결정하나요?"

"그거야 아니지만…."

"당연히 아니겠죠. 스스로 판단한다는 말이 성립하려면 결정할 수 있는 권한이 있어야 해요. 단순히 제안하는 거야 노동의 일부일 뿐이죠."

"그렇게 간단한 게 아니에요."

"그럼 또 뭐가 있나요?"

"우리는 노동자에게 일을 시키는 입장이거든요. 어떤 공정으로 할지만이 아니라 작업 과정을 통제하는 역할도 하고요."

"뭔가 큰 착각을 하고 있는 것 같네요. 원래 노예나 농노 중에도 다른 사람에게 일을 시키거나 통제하고 심지어 벌을 주는 역할을 하는 사람이 있죠. 그렇다고 해서 그들이 노예나 농노가 아니라고 할 수 있나요? 마찬가지로 자본가는 노동자들 사이의 직급이나 역할을 나누고, 높은 직급의 노동자에게 관리하고 통제하는 역할을 부여하죠. 결국엔 노동자가 노동자를 통제하도록 하는 겁니다. 물론 그 모든 역할에 대한 최종 결정과 통제 권한을 가진 사람이 자본가 자신이라는 사실은 변함이 없고요."

"그거랑은 전혀 달라요. 한국에도 신분제 사회인 조선 시대에 소작인을 관리하는 마름이라는 사람들이 있었죠. 하지만 마름은 아무리 열심히 해도 마름일 뿐이지만 사무직은 능력이 있고 열심히 하기만 하면 이사가 될 수도 있고요. 아까 함께 만났던 이사 분도 처음에는 저처럼 평사원으로 입사했거든요. 능력을 인정받으면 최고 경영자인 CEO도 될 수 있어요. 그렇게 말단 사무직 직원으로 시작해서 최고 경영자 자리까지 오른 신화적 인물들이 있다는 것쯤은 마르크스 선생도 잘 아시지 않나요?"

"잘 알지요. 하지만 거의 복권 당첨 확률보다 적은 경우 아닌가요? 그렇게 치면 공장에서 육체노동을 하다 마음을 바꿔 작은 장사로 시작해서 큰 상점이나 기업을 일구는 데 성공하는 확률이나 마찬가지죠. 나중에 크게 성공해서 오너의 자리에 오를 가능성이 있으니 노동자가 아니라는 논리대로라면 이 세상에 노동자일 사람이 누가 있겠어요?"

"…"

대화가 진행될수록 아빠가 조금 궁색해진 것 같다. 아빠는 자신의 경쟁력에 대해 늘 만족하는 사람이었다. 그리 풍족하지 않은 집에서 태어나 중고등학교 때도 공부를 잘했고, 그 덕분에 서울에 있는 꽤 잘 알려진 명문대에 진학했으니까. 대학 졸업 후에도 누구나 다 들어가고 싶어 하는 대기업에 취직해서 아주 빠른 승진은 아니지만 지금까지 그럭저럭 순탄하게 직장 생활을 해 온 것을 늘 자랑스러워했다.

그렇게 스스로에 대한 자부심으로 가득 찬 아빠에게 노동자라고 했으니 기분이 좋았을 리 없을 것이다. 공연히 자존심이 상하는 느낌이었을 거고. 나만 하더라도 아빠가 노동자라고 하니 은근히 속상하던걸.

"그럼 아저씨, 어떤 사람을 노동자라고 부르는 거예요? 저도 그동안 공장에서 일하는 사람들을 노동자라고 생각했거든요."

"생산 수단을 갖지 못하고 오직 자신의 노동을 통해서만 임금을 받아 생활하는 사람을 말하지."

"생산 수단이 뭔데요?"

"생산에 필요한 모든 것인데, 농경 사회에서는 토지가 대표적이
지. 자본주의 사회에서는 기업 설립과 운영에 필요한 토지나 건물, 생
산 설비, 자원이나 재료 등이 여기에 속해. 생산 수단을 소유한 사람
을 자본가, 생산 수단을 전혀 소유하지 못하기 때문에 노동력을 제공
해 살아가야 하는 사람을 노동자라고 해. 육체노동과 정신노동 중에
주로 어떤 노동력을 제공하는가에 따라 생산직과 사무직 노동자로
구분되지."

"굳이 그렇게 자본가와 노동자를 따로 구분해야 할 필요가 있어
요? 기업이 있어야 노동자가 일할 직장이 생기고, 서로 도움을 주면
서 공생하는 거 아닌가요?"

"서로 동등하게 도움을 주는 관계라면 뭐가 문제겠니?"

"기업을 운영하려면 노동자가 있어야 하고, 또 대부분의 사람은
기업에 취직을 해야 생활을 하니까요. 서로가 서로에게 필요한 존재
이니 자연스러운 관계가 아닐까요?"

"그렇게 자연스러운 공생 관계가 아니니까 문제지. 자본가와 노
동자는 일방적인 착취 관계거든. 그래서 둘을 정확히 구분해야 할 필
요가 있어."

"착취요? 그건 노예나 농노에게나 해당되는 얘기 아닌가요?"

"물론 노예나 농노도 노예주 혹은 영주나 지주에게 착취를 당했

지. 하지만 자본주의 사회에서도 불평등한 착취는 형태만 바뀌었을 뿐 계속 이어져."

"아저씨, 아직도 이해가 잘 안 가요. 착취는 노동한 대가가 제대로 주어지지 않을 때 생기는 거잖아요. 지금 기업에서는 임금을 통해 일한 대가를 받는데 그게 왜 착취예요?"

"예슬아, 자본가는 왜 기업 활동을 하니?"

"그야 이윤을 위해서죠. 학교에서 그렇게 배웠어요. 기업 활동의 목표는 이윤이라고요."

"맞아. 그런데 노동자가 일한 만큼을 모두 임금으로 지급하면 자본가에게 남는 건 아무것도 없게? 자본가가 사회나 노동자를 위해 무료 봉사를 할 리는 없잖아. 자본가는 생산 과정에서 노동자의 노동을 통해 무언가 이윤을 얻기 때문에 자본을 투자하지. 그러면 이윤이란 게 도대체 어디서 생길까? 하늘에서 뚝 떨어지는 것은 아닐 테고 말이야."

"글쎄요, 한 번도 생각해 본 적이 없어요. 이윤은 어디에서 생기나요?"

"자본가의 이윤은 생산 과정, 특히 노동에서 생겨. 노동자가 제공한 노동력 가운데 일부에 대해서만 임금으로 대가를 지불하고 나머지는 자본가의 몫으로 챙기거든. 노동 시간으로 계산하면 좀 더 쉽게 이해할 수 있을 거야. 노동자의 노동 시간 중에 임금으로 지급되지 않는 노동이 있고, 이것이 자본가가 공짜로 가져가는 몫, 즉 이윤의 원천이야."

"그거랑 착취란 무슨 관계가 있어요?"

"예슬이가 좀 전에 착취는 노동한 대가가 제대로 주어지지 않을 때 생긴다고 했지?"

"네, 그렇게 알고 있어요."

"임금으로 받은 것을 초과하는 노동의 양이 이윤을 만들어 내는 비밀이라는 점에서 자본가가 노동자의 노동에 해당하는 가치만큼 정당하게 임금으로 준다는 생각 자체가 성립할 수 없어. 자본주의 기업 활동은 착취에 의존할 수밖에 없지."

"그렇다 해도 크게 문제될 게 없지 않나요? 기업가는 이윤을 바라니까 자본을 사용하는 거잖아요. 투자에 대한 이익이 보장되지 않는다면 누가 기업을 하겠어요. 적정한 선에서 이윤을 획득하고 노동자는 너무 적지만 않은 임금을 가져간다면 여전히 둘 다 만족스러운 상황 아닌가요?"

"적정한 선의 이윤이라는 말이 너무 애매하기는 한데, 어쨌든 네 말대로 자본가가 적정 이윤에만 만족한다면 어느 정도는 착취가 완화되겠지. 하지만 자본가의 목표는 단순히 어느 정도의 이윤이 아닌 최대 이윤을 얻는 것, 즉 이윤 극대화란다. 그렇기 때문에 자본주의 사회에서 착취는 오히려 늘어나게 돼."

"임금이 정해져 있는데, 어떻게 착취가 늘어나요?"

"이윤 확대 방법은 참 다양하단다. 제일 무식한 방법이 임금으로 지급되지 않는 노동의 양을 증가시키는 것이지. 즉 임금을 줄이는 방법이야."

"에이, 아저씨, 그 말은 좀 억지 같아요. 요즘 누가 임금이 줄어드는 걸 인정하려 하겠어요? 아직 산업화 초기 단계인 후진국이면 몰라도요. 우리나라만 하더라도 임금을 줄이면 난리가 날 텐데요."

"내가 보기에는 산업 국가 중에는 한국이 임금을 줄이는 방식으로 기업의 이윤 극대화를 노리는 가장 대표적인 경우인데?"

"설마요. 아저씨가 유럽에만 계셔서 한국을 잘 몰라서 하는 말씀 아닌가요?"

"임금으로 지급되지 않는 부분을 늘리는 방법은 두 가지가 있어. 하나는 동일한 시간 동안 일을 시키면서 임금을 줄이는 방법이야. 다른 하나는 동일한 임금으로 일을 더 시키는 방법이고."

"아저씨, 갈수록 한국과 맞지 않는 이야기로 흐르네요. 어째 정작 한국에 살고 있는 제가 모르는 이야기만 하세요?"

"한국 속담에 등잔 밑이 어둡다는 말이 있지? 오히려 매일 겪는 일이어서 부당한 게 정상으로 여겨질 수 있어."

"뜸 들이지 말고 얘기해 주세요. 어떻게 같은 시간 일을 시키면서 임금을 줄이는 게 가능하다는 거예요?"

"한국 사회에서 기업이 같은 시간 노동을 시키면서 획기적으로 임금을 줄이기 위해 애용하는 방법이 정규직을 비정규직으로 전환시키는 거야. 비정규직은 동일한 시간 노동을 하면서도 임금은 정규직의 절반 정도를 받거든. 게다가 정규직 노동자와 달리 각종 보험도 적용되지 않으니 그만큼 자본가의 이윤이 늘어나지. 예슬이도 한국에서 비정규직 노동자가 상당수에 달한다는 사실은 알고 있지?"

"비정규직이 그런 거였어요? 그런데 비정규직은 규모가 작고 영세한 소규모 기업에서 드물게 나타나는 현상 아닌가요?"

"아니, 오히려 대기업일수록 정규직을 비정규직으로 대체하거나 새로 채용하는 인원을 비정규직으로 뽑는 경우가 많아."

"대기업이면 돈도 많을 텐데, 왜 그럴까요?"

"그게 바로 이윤 극대화 논리의 무서운 점이란다. 돈이 많다고 해서 멈추질 않아. 아니, 오히려 돈이 많고 기업의 규모가 클수록 이윤을 높이기 위해 혈안이 되지."

"동일한 임금에 일을 더 시키는 방법은 뭐예요?"

"정해진 노동 시간을 넘어서 일을 시키는 방법이지."

"그거는 더 이해가 안 가는데요? 제가 알기로는 일을 더 시키면 수당을 주게 되어 있거든요. 그러면 적어도 착취는 아니잖아요."

"허허, 예슬이가 바짝 약이 올랐나보구나. 그런데 현실인 걸 어떡하니. 몇 가지만 예를 들어 볼까? 먼저 대부분의 산업 국가에서 8시간 노동제는 아침 9시부터 저녁 5시까지야. 하지만 한국에서는 공식적으로 저녁 6시까지로 정해져 있지. 일반적으로 한 시간인 점심시간을 노동 시간에서 빼기 때문이야. 하지만 식사 시간이나 휴식 시간은 노동 시간에 포함시키는 게 세계적으로 통용되는 상식이야. 한국에서는 한 시간 더 일을 시키고 대가를 지불하지 않기 때문에 그만큼 자본가의 이윤은 늘어나는 셈이지."

"좀 치사하네요."

"그래, 치사한 방법이지. 그런데 더 치사한 건 점심시간과 관계없이 일을 더 시키고 임금을 지급하지 않는 경우도 많다는 점이야. 이 방법은 한국 사회에서 특히 예슬이 아빠와 같은 사무직 노동자에게 많이 사용돼."

"우리 아빠도 부당한 취급을 받는다고요?"

"아빠의 경우를 잘 생각해 봐. 9시에 맞춰 회사에 가거나 6시에 퇴근하자마자 집으로 오는 경우가 드물지 않아?"

"그렇기는 해요. 저보다 훨씬 일찍 나가시는 때가 많고, 특히 저녁에도 늦게 오시는 경우가 꽤 있으니까요."

"보통 아침 일찍 업무 회의를 잡기도 하고, 저녁에도 업무가 이어지거나, 아니면 직장 상사가 늦은 시간까지 자리에 앉아 있어서 울며 겨자 먹기로 눈치를 보다가 늦게 퇴근해야 하는 경우도 많지. 이 모든 게 추가 임금을 지급하지 않고 일을 더 시키는 수법이야. 그나마 생산직은 추가 노동에 대해 수당이 지급되지만, 사무직은 대부분 추가 수당이 없어. 승진에 대한 눈치 때문에 제대로 불만도 드러내지 못하는 경우가 많지."

아저씨와 나 사이의 얘기를 듣는 아빠의 표정이 편해 보이지 않는다. 아직 스스로가 노동자라 불리는 걸 인정할 수 없다는 표정이 역력하다. 약간의 불만스러운 말투로 아저씨 말에 반박한다.

"정해진 시간 외에 회의를 하거나 일을 하는 경우가 자주 있죠. 연장 근로 수당과 상관이 없는 경우도 많고요. 하지만 회사원들이 꼭 강제로 업무 시간 이외에 일을 하는 건 아니에요. 일종의 투자라고 봐야죠."

"투자요?"

"자신의 미래를 위한 투자 말이죠. 물론 정해진 회의여서 빠질 수 없고, 일이 밀려서 어쩔 수 없이 늦게까지 일해야 하는 경우가 많기는 해요. 하지만 단순히 당장 월급을 받기 위해서 초과 근무를 하는 건 아니라는 점을 알아야 해요."

"그럼 뭐가 더 있는데요?"

"노동자가 정해진 노동 시간 동안만 일하지 않는 건, 회사 일을 마치 자기 일처럼 생각하기 때문이에요. 그 노력에 대한 보답이 성공으로 돌아올 테니까요. 그러한 의미에서 단순히 노동자이기보다는 경영자의 역할을 준비하는 것이나 마찬가지지요."

"자신이 경영 집단의 일부라는 생각이 참 강하네요."

"그럼요. 항상 노동자가 아닌 경영자 마인드를 가져야죠."

"기업가가 스스로를 해고하는 경우, 보셨어요?"

"무슨 말인지…."

"회사원이 정말 노동자가 아니라면, 해고로부터 자유로워야 되잖아요. 하지만 회사원들 역시 오늘 아침 회사 건물 앞에서 해고 철회를 요구하며 집회를 하던 생산직 노동자와 마찬가지로, 파리 목숨이라는 말을 들을 만큼 해고가 일반적이지 않나요?"

"해고야 있죠."

"있는 정도가 아니라, 나이가 40대가 되면 행여 정리해고 대상자에 오를까봐 항상 불안에 떤다고 알고 있는데요."

"그런 불안이야 있고요."

"해고를 당한다는 건 그만큼 정신노동이든 육체노동이든 노동력 말고는 생활 수단이 없다는 걸 의미하지요. 언제든지 해고당할 수 있다는 점만 보더라도 공장 노동자든 회사원이든 모두 자본가에 의해 고용된 노동자임을 부인할 수 없는 사실 아닌가요?"

"…"

아빠도 언제든지 회사에서 해고당할 수 있다고? 이 역시 전혀 생각해 보지 않았던 일이라 상상하기 어렵다. 만약 아빠가 해고를 당하면 어떤 일이 벌어질까? 당장 나는 고등학생이고 대학 입시가 기다리고 있는데…. 학원을 계속 다닐 수 있을까? 설사 학원을 다니고 다행히 원하는 대학에 들어갔다 하더라도 그 비싸다는 대학 등록금은 어떡하고? 어휴, 생각만 해도 끔찍한 상황이다.

"아저씨, 궁금한 게 있는데요."

"뭐가 궁금한데?"

"회사원도 해고를 많이 당해요? 해고는 주로 공장 노동자에 해당하는 거 아니에요?"

"예슬이가 알기 쉽게 예를 들어 설명할게. 한 해에 아빠 회사에 1000명의 신입 사원이 입사했다고 가정해 보자. 그 가운데 몇 명이 대리를 거쳐 과장으로 승진할까?"

"회사에 들어가면 순서만 다를 뿐 다 올라가지 않나요?"

"그러면 회사의 인원 구조가 사각형이게? 상식적으로 다 알고 있듯이 회사 구조는 피라미드 형태잖아. 위로 올라갈수록 좁아지는 구조 말이야."

"정말 그러네요."

"아마 과장으로 승진하는 사람은 그 가운데 절반도 안 될 거야. 그럼 차장을 거쳐 부장까지 승진하는 사람은 몇이나 될까?"

"또 줄어들겠죠."

"이번에는 훨씬 더 대폭적으로 줄어들 거야. 피라미드 위쪽은 훨씬 좁으니까. 승진하지 못하는 사람들은 어떻게 될 것 같아?"

"낮은 직급으로 계속 일하나요?"

"그럴 리가 없지. 어떻게 계속 과장으로 일하거나 평사원으로 정년퇴직까지 자리를 지킬 수가 있겠어. 당연히 중간에 정리해고 대상이 되어 회사를 나와야지. 더군다나 경영이 악화되는 상황이라도 생기면 더 큰 규모로 정리해고 사태가 벌어져."

"아저씨, 회사 경영이 어려워지면 정리해고를 하는 건 필요하지 않나요?"

"자본주의 사회라면 다 그런 제도를 가지고 있지. 다만 정도의 차이가 있는데, 한국은 상당히 심한 편이고."

"한국이 심하다니요?"

"정리해고는 경영상의 이유로 인한 대규모 해고를 말하는데, 한 꺼번에 많은 실업자가 생기면 재취업도 어렵고, 또 해고당한 당사자 와 가족은 생활이 파괴되는 고통을 겪게 돼. 그래서 대부분의 나라 들이 정리해고에 대한 매우 엄격한 법적 조건을 적용하고 있지. '긴 박한 경영상의 사유'가 있어야 하고, 기업 생존을 위한 최후수단으로 사용할 경우에만 정당성을 인정하는 거야."

"한국은 다른가요?"

"아까 아침에 해고 노동자들이 하는 말 못 들었어?"

"저야 한 귀로 듣고 한 귀로 흘려서요. 헤헤."

"한국의 재벌 기업은 이미 상당한 부를 지니고 있고, 지난 10여 년 사이에 기업 생존을 위한 최후수단이라고 할 만한 긴박한 상황에 처한 적도 없어. 하지만 정리해고라는 말은 초등학생도 알 정도로 자 주 남용되어 왔지."

"다른 나라들은 어떤데요?"

"보통 다른 나라에서는 '해고 회피를 위한 적극적 조치'가 인정되 어야 정리해고가 허용이 돼. 그래서 미국의 경우를 보면 정리해고 이 전에 '레이오프(lay-off)'라는 방식을 사용하는 경우가 꽤 많아."

"그게 뭔데요?"

"만약 예슬이가 100명의 노동자를 고용하고 있는 회사의 사장이라고 가정해 봐. 경영 사정 악화로 일거리가 줄어 30명 정도의 인력이 필요 없게 됐다면 어떻게 하겠어?"

"직원을 잘라야죠!"

"바로 해고시켜?"

"기업을 운영하는 목적이 이윤이니까 경영자 마음대로 할 수 있는 거 아닌가요?"

"그러면 노동자의 권리든 노동법이든 다 필요 없게?"

"그런가? 그럼 어쩌죠?"

"기업가는 노동자에게 고용상의 변화가 생길 수밖에 없는 상황을 충분히 설명하도록 되어 있거든. 예슬이가 사장으로서 노동자들에게 설명할 거 아냐? 그동안 열심히 일해 줘서 고맙다, 하지만 경영 사정 악화로 불가피하게 30명 정도의 인원을 정리할 수밖에 없다, 이해해 달라…. 뭐 이런 말을 하지 않겠어?"

"그런 말을 하겠죠."

"사장의 말을 듣던 노동자들이, '그런데요 사장님, 지금이야 그렇다 쳐도 나중에 회사 사정이 좋아지면 우리는 어떻게 되나요?'라고 물어보면 어떻게 대답할래?"

"당연히 여러분 먼저 다시 돌아오게 하겠다고 약속해야죠."

"아마 노동자들이 다시 물을 거야. '경영 사정이 회복돼서 돌아왔을 때 지금까지 일해 왔던 조건과 보수는 어떻게 되나요?'라고. 어떻게 대답할래?"

우리 이웃은 노동자인가?

3

"원래 일하던 그대로 해 주겠다고 하겠죠."

"예슬이가 생각해도 그렇게 말해야 상식이지?"

"당연하죠. 최소한의 양심이 있는 기업가라면 그렇게 말해야 하는 거 아니에요?"

"미국에서 주로 사용하는 레이오프가 바로 그런 거야. 일종의 일시적인 해고지. 경영이 좋지 않아 인원을 삭감해야 할 때, 나중에 재고용할 것을 약속하고 일시적으로 직원을 해고하는 방식이야. 원래의 업무와 경력을 그대로 인정하고 나중에 재고용하는 거지. 일을 쉬는 동안에는 실업 보험이나 기업 내 복지 제도가 제공하는 실업 보조금으로 살아가. 일정한 복지 혜택을 받으면서 부족한 생활비는 아르바이트를 통해서 충당할 수 있지. 그러다가 기업의 사정이 좋아지면 다시 원래의 일자리로 돌아갈 수 있어."

"그거 좋은 방식이네요. 한국도 그렇게 하고 있지 않나요?"

"한국의 기업은 곧바로 정리해고 조치를 취하는 경우가 대부분이야. 말 그대로 아무 대책 없이 그냥 회사에서 잘리는 거지."

"회사 사정이 나아지면 다시 직원이 더 필요하잖아요?"

"사정이 나아진다고 해도 해고자들을 다시 고용하는 경우는 거의 찾아볼 수 없어. 신규 채용을 하면 근속 연수 등에 따른 비용 부담 없이 적은 임금으로 노동자를 고용할 수 있으니까. 오히려 상당수의 대기업은 아예 정규직을 정리해고한 후 나중에 고용이 필요할 때 비정규직으로 대체하는 경우도 많아."

"사무직 회사원들도 마찬가지예요?"

"사무직의 경우가 오히려 더 심해. 생산직 노동자의 경우 근속한 기간에 따른 임금 차가 있기는 하지만 사무직의 대리, 과장, 차장, 부장 등의 직급 차이에 따른 임금 차가 훨씬 크거든. 그래서 보통 과장이나 부장 직급일 때, 나이로 치면 40~50대일 때 정리해고 대상이 되는 경우가 많아. 어차피 승진에서 밀린 사람이 상당히 누적되어 있기도 하니, 임금 부담이 큰 사람들을 정리하고 나중에 임금 부담이 적은 말단 평사원을 뽑지."

"정리해고되면 다른 회사에 취직하는 수밖에 없겠네요."

"그조차 쉽지 않으니 더 큰 문제지."

"왜요?"

"사무직이든 생산직이든 근속 연수가 오래 됐다는 건 나이가 꽤 들었다는 의미잖아. 어느 기업에서 나이가 많은 사람을 신규 채용하려 하겠어?"

"난감한 일이네요."

"당사자들에게는 청천벽력 같은 일이지. 아까 회사 앞에서 집회를 하던 노동자들도 같은 기분일 거야. 다른 직장에 바로 취업할 수 있다면 뭐 하러 몇 개월째 도로 위에서 그 생고생을 하고 있겠어? 그만큼 절박한 상황이라고 봐야지."

갑자기 아빠가 걱정된다. 아빠야말로 40대이고, 오랫동안 과장으로 일해 왔으니 불안한 게 아닌가 싶다. 아빠는 곧 부장으로 승진할 거라고 하지만 그 자리를 놓고 경쟁하는 사람이 많다고 하니 미래는 알 수 없는 일 아닌가?

"아빠! 아빠도 회사를 못 다니게 될 수 있는 거야?"

"괜히 우리 딸이 마르크스 아저씨 얘기 때문에 걱정되나 보구나."

"아빠 나이 때가 제일 불안하다고 하니까…."

"아저씨 말대로 승진에서 많이 뒤처진 사람들은 정리해고 대상이 되곤 해. 40~50대쯤 그렇게 불안한 경우가 많은 것도 사실이고. 하지만 예슬이는 전혀 걱정 안 해도 돼. 아빠는 그동안의 실적으로 보나 뭐로 보나 탄탄하니까. 하하."

아빠가 호탕하게 웃는다. 다른 때 같았으면 자신감에 가득 찬 모습이었겠지만 오늘은 사뭇 다르다. 항상 자신이 회사의 분신인 것처럼 말하고 행동하던 아빠가 그저 한 명의 노동자라는 마르크스 아저씨의 얘기 때문만은 아니다. 아침에 부장과 이사 앞에서 쩔쩔매던 아빠의 모습이 머리에서 좀처럼 떠나지 않는다. 그동안 내가 알고 있던 아빠와 전혀 다른 모습의 아빠였기 때문이다.

어느 게 진짜 아빠일까? 아직은 잘 모르겠다. 하지만 지금 앞에서 운전하고 있는 아빠의 어깨가 작아 보이는 건 사실이다. 언제나 강하고 한없이 넓게만 보였는데 말이다.

4

자본주의란
무엇인가?

가전제품 생산 공장에 도착했다. 도착하자마자 공장의 규모에 입이 떡 벌어졌다. 상당한 규모일 거라는 예상은 했지만 이 정도일 줄은 몰랐다. 어디서 어디까지인지 구별이 안 갈 정도로 공장 건물이 끝없이 이어진 느낌이었다. 한 지역 전체가 마치 공장인 것 같은 착각이 들 정도였으니까.

공장 안으로 들어가니 더욱 더 예상을 빗나갔다. 내가 생각했던 공장은 먼지가 풀풀 날리고 지저분한 물건이 가득한 곳이었다. 여기 저기 흉측한 몰골의 기계와 각종 부품이 너저분하게 널려 있는 창고 같은 이미지 말이다. 미국 액션 영화에 자주 나오는 음침한 공장이 먼저 떠올랐으니까. 귀청을 때리는 기계 소리에 둘러싸여 기름때 묻은 작업복을 입은 노동자들의 모습을 생각하고 있었다.

하지만 공장 내부로 들어서자 예상과는 전혀 다른 광경이 펼쳐졌다. 무엇보다도 어두운 구석이 하나도 없을 정도로 온통 환하게 밝혀 놓은 형광등 조명이 인상적이었다. 기계나 부품은 깔끔하게 정돈된 상태였다. 바닥도 먼지 하나 발견하기 어려울 정도로 깔끔했고, 노동자도 모두 깔끔한 옷차림이어서 칙칙한 느낌과 거리가 멀었다.

거대한 생산 라인이 우리 눈앞에 펼쳐졌다. 가전제품을 조립하는 공정인 듯했다. 자동으로 움직이는 벨트를 따라서 쉴 새 없이 조립 중인 제품이 이동하고 있었다. 노동자는 자기 앞에 놓인 부품을 정해진 위치에 넣어서 고정하는 중이었다. 군데군데 로봇으로 보이는 기계 장치가 작업을 대신하는 공정도 있다. 각 라인의 끝에서는 완성된 제품의 각 기능이 정상적으로 작동하는지를 검사하는 과정이 진행 중인 듯했다. 검사도 계측 기계를 이용해 신속하게 이루어지고 있다. 검사 과정까지 다 마친 제품은 자동으로 포장되어 다른 공간으로 옮겨졌다.

아저씨는 견학하는 중에 노동자와 대화해도 되겠느냐고 아빠에게 물어봤고, 아빠는 공장의 관리 책임자로 보이는 사람에게 부탁을 해서 몇몇 노동자와 이야기를 나누는 시간을 가졌다. 긴 시간은 아니었고 비교적 간단하게 궁금한 몇 가지를 묻는 듯했다.

생산 라인을 거의 다 둘러볼 때쯤 마르크스 아저씨가 조금은 놀란 모습으로 아빠에게 말을 건넨다.

"상당히 인상적이네요."

"규모 때문인가요?"

"그렇지는 않고요. 유럽에도 규모로만 본다면 비슷한 공장이야 있죠."

"그러면?"

"유럽의 공장은 규모는 크지만 상대적으로 생산 시설이 낙후되어 있는 경우가 많거든요. 그에 비해 이곳은 공정 자체가 상당 부분 자동화된 점이 눈이 띄네요."

"전자 제품 분야는 하루가 멀다 하고 신세품 경쟁을 하니까요. 잠시 한눈 팔다 보면 글로벌 경쟁에서 뒤처지기 십상이죠."

"그런 면은 있겠네요."

"과거에 일본의 소니나 파나소닉 같은 전자 제품 회사들이 전 세계 시장을 지배했지만 이제는 이빨 빠진 호랑이 신세가 됐죠. 이미 우리 회사를 비롯해 한국의 주요 전자 제품 회사에게 추월당한 것은 물론이고 계속 추락하는 중이니까요. 신제품 개발과 설비 투자에 소홀했기 때문에 나타난 현상이죠."

"불과 10여 년 전만 해도 일본의 급작스런 추락을 예상한 사람은 거의 없었죠."

"아마 우리 회사가 전 세계를 통틀어서 연구 개발과 설비 증강에 가장 많은 투자를 하고 있을 걸요?"

"여기 와서 보니 확실히 실감할 수 있겠군요."

"가전제품만이 아니라 핸드폰 생산 과정에서도 마찬가지고요."

"하긴 스마트폰으로 경쟁 관계에 있는 애플의 경우 직접 생산 공장을 가지고 있는 게 아니니 그 분야 개발과 생산 투자에서도 감히 세계 최고라 할 수 있겠네요."

다시 아빠 말투에 활기가 돈다. 각 생산 라인에 얼마나 최신 설비들이 사용되고 있는지, 각 기계가 얼마나 고가에 해당하는지, 각 원료와 부품을 필요한 시간에 필요한 양만큼 정확히 공급하기 위해 어떻게 세밀한 관리를 하는지, 최고의 품질 유지를 위해 어떤 과정을 거치는지 등 마치 봇물이 터진 것처럼 끝없이 설명이 이어진다.

생산 라인을 쭉 훑어본 다음 전체 공정을 관리하는 중앙 제어실로 올라갔다. 컴퓨터 중앙 시스템에 의해 각 공정을 세밀하게 관리하고 있었다. 한쪽 편에는 각 생산 라인의 작업 과정이 CCTV를 통해 한눈에 확인 가능하도록 되어 있다. 어떤 공정에서 시간 단위로 얼마만큼의 제품이 만들어지고 있는지, 부품이 어느 정도 사용됐는지, 검사 과정에서 불량률은 어느 정도인지가 실시간으로 집계되고 있다. 마치 공장 전체가 거대한 기계 장치라는 느낌이 들었다. 중앙 제어실을 중심으로 각 생산 공정이 정해진 시간과 절차에 따라 일사분란하게 움직이는 기계를 보는 듯했다.

공장 견학을 마치고 곧바로 집으로 왔다. 하루 종일 걸어서 그런지 배에서 쉬지 않고 꼬르륵 소리가 났다. 집에 도착하니 저녁 식사가 준비돼 있었다. 엄마는 요리 솜씨를 한번 발휘해 볼 생각이었는지 식탁에는 평소에 보지 못하던 음식이 가득하다.

식사 중에는 유럽 얘기가 화제였다. 엄마는 늘 유럽 여행을 꿈꿔 왔다. 여러 번 졸랐지만 아빠가 워낙 회사 일로 바빠 시간을 내지 못하는 터라 계속 꿈으로만 남아 있다. 마르크스 아저씨를 통해 일종의 대리만족을 느끼는 중이다. 파리와 런던의 거리 얘기며, 대영 박물관과 루브르 박물관에 대한 걸 자꾸 물어본다. 아빠는 뭘 자꾸 그런 걸 물어보느냐며 핀잔을 줬지만 엄마의 궁금증은 멈추지 않는다. 아저씨는 전혀 귀찮은 내색 없이 눈앞에서 모습을 그리듯 자세하게 이야기해 줬고.

식사 후에는 자연스럽게 술자리가 이어졌다. 아빠는 기분이 좋은지 예전에 선물로 받아서 고이 모셔 두었던 양주를 꺼내 왔다. 유쾌한 분위기로 신기한 손님을 환영하는 대화가 이어졌다. 아빠는 아직 파리의 낭만에 미련이 남아 있는 엄마를 제지하며 낮에 다녀온 생산 공장에 대한 얘기로 화제를 바꿨다.

"공장 견학을 하고 나니 한국이 참 많이 달라졌다는 게 실감이 나죠?"

"생각한 것보다 더 많은 변화가 있었네요."

"현재의 추세대로라면 전자 제품 분야에서는 경쟁력에서 확실한 비교 우위를 차지할 수 있지 않을까 싶어요."

"그다지 과장은 아니라는 생각이 들어요. 연구 개발 정도는 제가 알 수 있는 게 아니어서 뭐라 말할 수 없지만, 생산설비나 시스템만 보더라도 세계 최고 수준이지 아닐까 싶네요."

"하하, 그러니까요."

"특히 체계적이고 세분화된 분업 시스템이라든가 자동화 공정은 놀랄 정도고요."

"제품만이 아니라 생산성에 있어서도 조만간 세계 주요 기업을 상대로 선두 경쟁을 하지 않을까 예상하고 있으니까요."

아빠가 아주 있는 대로 신이 난 모습이다. 뭐 어쨌든 그만큼 한국 기업의 기술 경쟁력이 뛰어나다는 얘기니까 기분 좋은 일이긴 하다. 그런데 얘기를 듣다 보니 궁금한 게 생긴다. 궁금한 건 못 참는 성미니까 바로 물어보는 수밖에.

"아저씨, 궁금한 게 있는데요."

"뭐가?"

"아까 차에서 아저씨가 임금으로 지급되지 않는 노동의 양을 증가시켜서 노동자를 착취한다고 하셨잖아요?"

"그래, 그랬지."

"임금을 줄이거나 노동 시간을 늘리는 방법을 사용한다고 하셨고요."

"응. 그런데 왜?"

"오늘 견학 가서 본 것처럼 한국의 기술력과 생산 설비가 뛰어나다면 한국 사회도 바뀔 수 있는 거 아니에요?"

"어떻게?"

"지금까지야 비정규직을 고용하거나 사무직에서 밤늦게까지 일을 더 시키는 방법을 사용했다 하더라도 생산 기술이 발달하면 그럴 필요가 없어질 테니까요."

"예슬이가 거기까지 생각했어?"

"제가 공부를 잘 안 해서 그렇지 똑똑하기는 하거든요."

"아주 반가운 일인걸!"

"기술이 발달하고 사회가 좀 더 공정해지면, 법으로 정해진 노동 시간을 정확히 지키고 비정규직을 확대하지 않을 수 있죠?"

"실제로 대부분의 유럽 국가나 미국 등이 그렇게 하고 있지."

"그러면 적어도 착취가 늘어나지는 않는 거잖아요?"

내가 생각해도 뭔가 좀 있어 보이는 질문이긴 하다. 아빠랑 엄마도 내가 호기심을 갖고 아저씨에게 물어보는 게 싫지는 않은가 보다. 엄마는 다른 때 같으면 어른한테 말버릇이 그게 뭐냐며 잔소리를 늘어놓았을 텐데 그냥 들어 준다.

원래 역사 공부는 흥미를 가졌는데, 아저씨랑 지난 며칠 동안 이야기를 나누다 보니 현재 우리가 사는 사회에 대한 내용도 나름대로 재미있는 구석이 있다. 하긴 역사가 꼭 아득히 먼 과거의 일만 다루는 건 아니다. 어찌 보면 현재도 역사의 일부일 테고. 아무튼 의미 있는 대화에 일조하는 것 같아 기분은 좋다.

"제 말이 맞죠?"

"어쩌지? 그렇지 않다고 하면 예슬이가 실망할 것 같아서 걱정인걸?"

"에이, 아저씨도. 제가 어린애인가요, 뭐? 정말 궁금해서 그래요."

"유럽이나 미국도 노동자를 착취하기는 마찬가지야. 임금으로 지급되지 않는 노동을 늘려서 이윤을 극대화하는 더 고도의 방법이 있거든. 한국도 갈수록 이 방법에 의존할 테고."

"아직도 방법이 남아 있어요?"

"가장 일반적으로 사용하는 방법이 있지. 동일한 시간에 더 많은 물건을 만들게 하는 방법이야. 테일러 시스템과 포드 시스템이 대표적이지."

"그건 또 뭐예요?"

"음. 어떻게 설명해 줘야 쉽게 이해할까? 그래! 그게 좋겠다. 네가 주방 싱크대에 서 있다고 가정해 봐. 수도꼭지가 달려 있는 개수대 왼편에 뭐가 있지?"

"음식을 만들 수 있는 조리대가 있죠."

"그 옆에는?"

"가스레인지가 있고요."

"그럼 개수대 오른편에는?"

"뭐 그냥 전자레인지나 전기밥통 같은 걸 올려놓는 공간이 있지요. 그 옆으로는 냉장고가 있고요. 그런데 아저씨 왜 자꾸 엉뚱한 걸 물어봐요?"

"허허허, 미안! 조금만 더 참고 따라와 봐. 위나 아래쪽에는?"

"그릇을 넣어두는 찬장이 있고요."

"자, 이제 마지막으로 뒤에는 뭐가 있어?"

"정말 마지막이에요. 당연히 식탁이죠."

"그런데 왜 아파트를 비롯해서 대부분의 집 주방이 같은 구조로 되어 있을까?"

"생각할 필요도 없죠, 뭐. 그런 구조가 편리하니까!"

"그래, 맞아. 네가 방금 편리하다고 말한 바로 그게 효율성 혹은 합리성의 원리라는 거야. 일하는 사람의 동작 낭비를 없애서 가장 짧은 시간에 가장 많은 일을 할 수 있도록 고안한 거지. 테일러라는 사람이 공장에서 기계나 공구의 위치, 재료나 부품의 배치, 노동자의 동선을 체계화해서 과학적인 작업 관리법을 만들었어. 그게 공장과 사무실에 도입됨으로써 동일한 시간에 더 많은 물건을 만들도록 만들었지."

"아, 그렇구나! 그럼 포드 시스템은 뭐래요?"

"미국의 포드자동차가 개발해서 그런 이름이 생긴 건데, 공장에서 작업 공정을 따라서 긴 벨트가 기계 장치로 돌아가면서 다음에 일할 물건이 각 노동자 앞에 즉시 도착하도록 하는 장치야. 참! 예슬이도 봤잖아. 오늘 아빠랑 같이 공장에 가서 길게 늘어선 작업대를 따라서 제작 중인 물건이 움직이고 노동자들이 각자의 위치에서 조립하던 것 기억나지?"

"그럼요. 오늘 낮에 본 건데요."

"그게 포드 시스템이야."

"그렇게 하면 어떤 효과가 있어요?"

"시간 낭비가 없어져서 더 많은 물건을 만들 수 있잖아. 테일러 시스템이 개별 작업의 시간 낭비를 없앴다면, 포드 시스템은 작업과 작업 사이의 시간 낭비를 최소화한 장치라고 할 수 있어. 한국의 현대자동차 공장이나 삼성전자를 비롯해서 대부분 공장의 조립 라인에서 이 방식을 사용하고 있지."

"이제 좀 이해가 가요. 그런데 아저씨, 그건 생산성을 높이는 일이잖아요. 생산성 향상은 좋은 거 아닌가요? 그렇다고 해서 착취가 증가하는 것도 아니고요."

"축구 좋아하니?"

"이번에는 왜 또 생뚱맞게 웬 축구래요? 아주 좋아하는 건 아니지만 웬만큼은 알아요."

"TV로 축구 중계를 보면 카메라가 주로 어디를 비춰?"

"당연히 공을 몰고 있거나 그 주변에서 수비를 하는 선수죠."

"그래. 주로 공을 중심으로 비춰서 모든 선수가 전력 질주를 하는 것처럼 보일 거야. 하지만 실제 경기장에서는 달라."

"어떻게 다른데요?"

"공격할 때는 공격수가 전력 질주를 하고 그 사이 수비수는 뒤에서 호흡을 조절하지. 반대로 상대방이 공격하면 수비수가 전력 질주를 하고, 최전방에 나가 있던 공격수는 속도를 조절하면서 되돌아 와. 그렇게 체력을 비축하면서 뛰어. 만약 전반과 후반 경기 내내 전력 질주를 하면 축구 선수들은 체력적으로 버티지를 못해. 아마 몇 년 안돼 몸이 망가져서 선수 생활을 못하게 될걸? 오죽하면 가끔 쉴 새 없이 뛰는 선수가 나오면 심장이 두 개라는 말까지 하겠어. 그만큼 드

4 자본주의란
무엇인가?

물다는 말이지."

"무슨 뜻인 줄은 알겠는데 그거랑 착취랑 뭔 관계인데요?"

"노동도 마찬가지야. 자본주의 역사에서 생산성의 발달은 대부분 노동자의 동작 낭비를 없애는 방향으로 발전해 왔어. '동작 낭비'라는 말도 사실은 자본가 입장에서 나온 표현이지. 자본가 입장에서는 동작 낭비를 줄이고 효율성을 높이는 획기적인 방법이지만, 노동자 입장에서는 쉴 새 없이 일을 해야 하니까 노동 강도는 더 세지지. 자본가 입장에서는 같은 시간에 더 많은 물건을 만드는 것이지만, 노동자 입장에서는 그만큼 조금의 여유도 없이 일만 해야 하는 상황이야. 마치 축구 선수에게 전체 경기 내내 전력 질주를 요구하는 것과 같아. 같은 시간에 임금은 더 주지 않으면서 노동자의 노동력을 쥐어짠다면 당연히 착취가 되는 거지."

"아저씨 말이 정말이라면 노동자로 살아간다는 건 정말 힘든 일이네요."

"그렇지. 특히 한국은 앞에서 예로 든 몇 가지 방법이 한꺼번에 모두 적용되는 경우니까 더 힘들 거야. 그 결과 다른 산업 국가에 비해 빈부 격차도 더 크고 장시간 노동으로 인한 정신적, 육체적 고통도 더 증가하니까."

이 아저씨는 상대방이 할 말 없게 만드는 특별한 재주를 지녔나 보다. 어쩌면 내가 아직 세상에 대해 별로 아는 게 많지 않아서 그럴 수도 있겠지만, 적어도 내가 아는 범위에서는 반박할 말이 뾰족하게 떠오르지 않는다. 우리나라가 초라해지는 느낌이어서 감정적으로는 선뜻 인정이 되지 않지만, 누군가 나 대신 반박해 주길 바라는 눈치로 아빠를 보니, 아빠도 내 마음을 짐작했는지 다시 대화에 끼어든다.

"공장에서 생산 라인 곳곳에 설치된 자동화 설비를 보셨죠?"

"아주 인상 깊게 봤죠."

"방금 생산성 증가가 노동 강도 강화로 나타난다고 하셨는데, 최근에는 과학 기술 발전으로 생산 라인의 상당 부분이 자동화되면서 노동자의 노동 강도는 오히려 훨씬 약화되지 않았나요?"

"자동화되어도 노동자의 고용이 그대로 유지된다면 그럴 수 있죠. 하지만 현실은 정반대로 나타나요. 자본가들이 가만히 있을 리 없죠. 자동화 기계가 도입된 만큼 노동자는 대규모로 해고됐어요. 그건 사무직도 마찬가지고요. 어제 낮에 예슬이랑 서울 시내를 걷다보니 곳곳에 은행 자동화 기기가 눈에 띄더군요. 입금, 출금, 이체 등 웬만한 은행 업무를 다 자동화 기기에서 할 수 있게 되어 있습디다. 하지만 자동화 기기가 도입된 만큼 은행에 근무하던 사무직 노동자는 해고당했죠."

"그렇기야 하죠."

"마찬가지로 온라인 주식 거래가 보편화되면서 증권 회사 직원들이 대규모로 직장을 잃어야 했고요. 사회 전체적으로 보면 노동자의 처지가 더 악화되는 결과로 나타납니다."

"생산이나 업무 처리가 자동화, 전산화되면서 직장을 잃게 된 많은 사람들에게는 안 된 말이지만 어쨌든 남아 있는 사람들의 노동 강도가 약화되는 건 맞잖아요."

"문제는 다행히 잘리지 않고 살아남은 노동자들도 나아질 게 없다는 점이에요. 자동화된 기계의 속도에 맞춰서 일을 해야 하기 때문에 일반적으로 작업 과정에서 더 쉴 틈이 사라지거든요. 또한 자본가는 고용 인원을 최소한으로 줄이고 그 사람들에게 더 많은 일을 요구하면서 오히려 노동 강도가 강화되는 현상이 비일비재해요."

"너무 한쪽 면만 보는 거 아닌가요? 일하는 입장에서 보면 정보화로 인해 업무가 얼마나 편리해졌는데요."

"과연 그럴까요? 사무직에서 컴퓨터와 사내 전산망을 이용한 업무가 정착되면서 노동자들이 어떤 일을 어디까지 하고 있는지가 상급자, 나아가서는 자본가에게 일상적으로 확인되는 시스템이 만들어졌잖아요. 또한 회사 내 곳곳에 CCTV가 설치되고 업무 감시가 강화되면서 과거에 일하는 중간에 잠시 나가서 숨을 돌릴 수 있던 여지조차 사라져 버리지 않았나요? 결국 다시 노동 강도의 증가로 이어질 뿐입니다."

"그런 면이 없는 건 아니지만, 과도기에 나타나는 일시적인 문제가 아닐까요? 제가 알기로는 정보화 덕분에 유럽이나 미국에서는 집에서 일을 하는 재택근무가 빠르게 늘고 있다고 들었거든요. 한국에서는 아직 별로 없지만 곧 비슷한 양상이 나타나겠죠. 재택근무가 더 일반화되면 선생이 방금 말한 감시나 통제, 혹은 노동 강도 증가는 획기적으로 해결되지 않을까요?"

아빠가 열변을 토한다. 재택근무에 대해서라면 나도 학교 사회 수업 시간에 배운 적이 있다. 정보화 환경이 확대되면서 점차 재택근무가 늘고 그만큼 일과 여가의 구분이 어려워지는 시대로 접어들고 있다는 얘기다. 상식적으로 생각해 봐도 집에서 일하면 그만큼 회사의 눈치를 안 보고 자신이 일하는 시간과 쉬는 시간을 자율적으로 조절하면서 편하게 일할 수 있지 않을까? 이번에는 마르크스 아저씨가 제대로 말문이 막히겠구나 싶다. 엥? 그런데 웬걸? 아저씨가 바로 말을 받아친다.

"재택근무에 대한 오해가 있는 게 아닌가 싶네요."

"오해고 말고 할 게 없지요. 말 그대로 집에서 근무하는 건데 누가 간섭할 리도 없고, 내 마음대로 일정을 조정하면서 일하면 되는 거 아닌가요?"

"재택근무가 노동자 요구로 생겼을까요, 아니면 자본가의 요구로 생겼을까요?"

"글쎄요, 거기까지는 생각을…."

"자본가의 요구로 도입됐어요. 한국에서 재택근무가 거의 없는 건 다 이유가 있고요. 유럽이나 미국은 한국과 노동 환경면에서 큰 차이가 나거든요. 무엇보다 하루 8시간 노동제가 정착되어 있지요. 심지어 프랑스 같은 나라는 7시간 노동제예요. 법정 노동시간 준수가 철저하게 지켜지죠."

"한국도 8시간 노동제가 정착되어 있는데요?"

"엄밀하게 말하자면 한국은 8시간 노동제가 실시되지 않는 나라입니다."

"그건 또 웬 궤변이랍니까? 법적으로 분명히 보장되어 있는데."

"8시간 노동제는 8시간 이상 일을 시키지 못하게 법으로 강제하는 제도죠. 8시간은 일하고, 8시간은 잠을 자고, 나머지 8시간은 여가를 보내는 게 인간으로서 최소한의 조건이라는 인식에서 출발했고요. 핵심은 8시간을 넘기는 추가 노동의 금지입니다. 잔업과 철야가 허용되지 않거든요. 기업에 일이 늘어나면 새로운 노동자를 고용해서 일을 시켜야 하죠. 그런데 한국은 잔업이나 철야 등의 방식으로 상당 시간의 추가 노동이 허용되고 있잖아요. 때문에 엄밀하게 보자면 한국은 8시간 노동제를 실시하지 않는 나라일 수 있죠."

"그렇다고 치고, 그거랑 재택근무가 도대체 무슨 상관이죠?"

"재택근무를 도입하면 7시간이나 8시간 노동제라는 법적 강제가 사라지거든요. 집에서 일을 하는데 몇 시간 일하는지 법으로 규제할 수 없으니까요. 재택근무를 도입할 때 자본가는 일정 기간에 주어진 일을 처리하도록 요구하죠. 이때 보통은 일을 잔뜩 줘요. 예를 들어 서너 주에 할 수 있는 일을 두 주 동안 처리하도록 요구해요. 그래서 오히려 노동 강도가 강화되는 결과로 나타납니다."

"정말로 그런가요?"

"결국 착취를 강화하기 위한 수단으로 도입하는 경우가 대부분이에요. 상식적으로 자본가가 자신의 이윤 확대에 도움이 되지 않는 방식을 스스로 도입할 리가 있겠어요? 한국에서 재택근무가 활성화되지 않는 이유는 사실상 잔업과 철야가 무제한으로 허용되어 있기 때문에 굳이 이 방식으로 법정 노동 시간을 무력화시킬 필요가 없기 때문이지요."

헐. 재택근무에 그런 노림수가 있다고? 아니, 그 전에 8시간 노동제의 의미가 그런 거였어? 그런데 왜 우리는 학교에서 그런 내용을 가르쳐주지 않지? 아빠도 좀 당황한 기색이다. 잠시 뭔가를 생각하는가 싶더니 다시 말을 잇는다. 아빠도 은근과 끈기로 똘똘 뭉친 사람인데 그냥 호락호락 넘어갈 리 없다.

"마르크스 선생은 마치 한국 사회나 기업이 지극히 야만적 상태인 것처럼 말씀하시네요. 마치 한국 노동자들이 죽어라고 일만 하도록 강요받는다는 식으로 말이에요."

"사실 아닌가요? 저는 여기 오기 전에 한국에 관한 자료를 검토하면서 깜짝 놀랐는걸요. 한국이 각종 돌연사 항목에서 거의 세계 최고 위치를 차지하고 있더라고요."

"돌연사라뇨?"

"교통사고 사망률 세계 1위, 산업재해 사망률 세계 1위, 40대 과로사 세계 1위. 이 정도면 돌연사 분야 세계 최고 기록 아닌가요?"

"돌연사랑 노동이랑 또 뭔 관계인데요?"

"답답하네요. 왜 교통사고 사망률이 세계 1위이겠어요?"

"그거야 우리나라 사람들이 워낙 성질이 급해서겠죠. 오죽하면 동남아시아 사람들이 다른 한국말은 몰라도 '빨리빨리'라는 말은 알겠어요."

"옛날부터 한국 사람들이 그렇게 바쁘게 살았나요? 아마 아닐 겁니다. 일이 워낙 많으니까 일하는 시간 외에 밥 먹는 시간이나 운전하는 시간에 서두르는 것 아닌가요? 무엇보다 교통사고의 제일 큰 원인은 졸음운전인데 한국 사람들이 원래 유전적으로 졸음이 많을 리는 없잖아요? 당연히 일은 많고 잠 잘 시간은 절대적으로 부족하니까 운전하다가 자꾸 조는 거 아닌가요?"

"물론 피곤하니까 밤늦게 운전하다가 졸릴 때야 종종 있죠."

"결국 장시간 노동, 과도한 노동 때문이죠. 산업 재해 사망은 또 어떻고요. 산업 재해는 작업 중에 높은 곳에서 떨어지거나 기계에 의해 죽거나 다치는 건데, 왜 그러겠어요? 40대 과로사도 마찬가지죠. 결국 과도한 노동 때문에 생기는 일이잖아요. 한국이 각 분야 1위라는 것은 그만큼 다른 나라와 비교할 때 장시간 노동과 높은 노동 강도에 시달린다는 사실을 더할 나위 없이 잘 보여 주는 대목이죠."

"그건 마르크스 선생이 우리나라의 과거를 잘 몰라서 하는 말입니다. 한국은 식민지 해방 이후 곧바로 한국전쟁을 겪으면서 완전히 폐허 상태였거든요. 상당수의 사람이 굶주림을 겪어야 했지요. 우리에게 가장 급한 일은 절대 빈곤에서 벗어나는 일이었죠. 다른 나라 사람들보다 더 많이, 더 열심히 일을 했기에 전 세계가 놀랄 정도로 빠른 경제 발전을 이룰 수 있었고요. 선생은 우리나라의 특수한 상황을 먼저 이해해야 해요. 그러면서 생산직이나 사무직 모두 임금이 오르고, 어느 정도 안정된 생활 기반을 마련할 수 있게 되었다는 점을 잊지 말아야 해요."

"한국의 경제 발전의 속도가 놀라울 정도로 빠른 건 사실입니다. 하지만 그 발전의 상당 부분이 저임금을 무릅쓰고 장시간 일했던 노동자의 희생 위에 이루어졌다는 점이 중요한 것 아닌가요? 노동자가 희생자였다면 기업이야말로 최대의 수혜자죠."

"희생이나 착취라고 말할 수는 없어요. 그만큼 임금이 올랐으니까요."

"정말 노동자가 경제 발전에 기여한 만큼 임금이 올랐다고 생각하나요? 한국전쟁 직후 극단적으로 어려웠던 시기에는 그렇다고 쳐도, 어느 정도 경제 발전을 이룬 상황이었던 1980년대 이후 정말로 임금이 올랐다고 생각해요?"

"당연하지요. 저만 해도 매년 임금이 오르는 걸요."

"과연 그럴까요? 명목임금보다 실질임금 증가가 중요하다는 건 아실 테죠?"

"아무려면 제가 그걸 모를까요. 저도 물가 인상에 대비한 임금인상, 즉 실질임금 인상을 말하는 겁니다."

"정말 물가인상률을 넘어서는 임금 인상이 지속됐나요?"

"제가 20년 가까이 직장 생활을 하고 있는데, 물가인상률을 넘어지는 않는다 하더라도 매년 물가인상률이 반영되는 정도의 임금 인상은 있었죠. 보통 물가인상률이 매해 3~4%이니까 그 정도의 임금인상은 유지됐지요. 그러면 적어도 희생이니 착취니 하는 말은 부적절한 게 아닌가요?"

"물가인상률의 마법에 빠져 있네요. 예슬이 엄마, 뭐 좀 물어봐도 돼요?"

"예? 저요?"

아까부터 줄곧 아빠 옆에 앉아서 가만히 우리의 대화를 듣고만 있던 엄마에게 아저씨가 갑자기 말을 건다. 엄마는 예기치 않은 상황에 조금 당황하는 기색이다. 엄마는 원래 적극적으로 수다를 떠는 사람이 아니다. 우리 집에서 가장 신중한 사람이다. 적어도 내게 신경질 낼 때만 빼고는 매사에 차분하고 친절하다.

"네, 예슬이 엄마가 살림을 맡아서 하니까 피부로 느끼는 물가에 대해서는 가장 잘 알지 않을까 싶어서요. 저를 포함해서 남자들은 물가에 대해서는 좀 둔감한 편이거든요."

"아무래도 애 아빠보다는 살림을 하는 제가 생활에 필요한 물건 가격은 더 잘 알겠죠."

"한국에서는 실제 생활에서 주로 소비되는 물건의 가격을 따로 '장바구니 물가'라고 부르던데요. 정부에서 매년 발표하는 물가인상률과 장바구니 물가가 거의 비슷하나요?"

"비슷하긴요. 장바구니 물가가 터무니없을 정도로 높을 경우가 많죠. 공식 물가인상률의 거의 두어 배에 이르는 경우도 적지 않은데요 뭐."

"그럴 겁니다. 유럽도 마찬가지니까요. 흔히 말하는 물가인상률은 한 국가에서 생산되고 판매되는 모든 재화를 대상으로 하죠. 여기에는 평생 동안 단 한 번도 구경해 볼 일이 없는 물건도 상당수 포함됩니다. 생산 과정에 들어가는 중간재를 포함하여 듣도 보도 못한 온갖 재화가 다 포함되죠. 대부분은 우리 생활과는 직접 관련이 없는 물건이고요. 그러다 보니 실제로 사람들이 직접 느끼는 물가인상률과 정부가 발표하는 공식 물가인상률 사이에 적지 않은 차이가 납니다. 그런데 실제 생활에서 정작 중요한 건 장바구니 물가잖아요. 임금으로 받는 돈 대부분이 여기에 지출되니까요.

"당연하죠. 우리가 공장에서 쓰는 재료를 살 일은 없으니까요. 다른 건 모르겠고, 일상의 의식주나 교육 등에 연관된 비용은 확실히 너무 인상폭이 커요."

"그런데 물가인상률을 기준으로 임금 인상이 이루어지면 실제로는 실질임금은 계속 하락하고 있다는 얘기가 돼요. 정부가 통계를 가지고 장난을 치는 동안 노동자의 삶은 점점 더 어려워지는 경향이 생기는 겁니다. 이걸 보고 어떻게 노동자의 희생이나 착취를 이야기하지 않을 수 있겠어요?"

"맞아요. 월급은 오르는데 장을 보러 가면 점점 쪼들리는 느낌을 받아요. 그런데 그게 우리나라만 그런 게 아니라고요?"

"그럼요. 다른 나라도 마찬가지죠. 지난 30년 사이의 미국 통계만 보더라도 그래요. 30년 동안 실질 가계 소득 증가율을 보면 최상위 20%에 해당하는 계층이 60% 정도를 차지할 뿐 대부분 20% 내외, 최하위 20%는 고작 2% 증가율에 머물고 있어요. 미국 역시 전체 물가인상률 대비 명목상의 임금 인상을 비교한 실질 가계 소득 증가율 계산이니까, 이조차도 허구로 가득한 통계라고 봐야죠. 실제 생활에 직결된 물가인상만 놓고 보면 실질임금은 오히려 대부분 하락했다고 봐야죠. 결국 방식이 더 고도로 세련돼졌을 뿐, 옛날이나 지금이나 자본가는 노동자의 노동력을 착취함으로써 이윤을 늘리고 있는 셈입니다."

엄마가 가사일이나 쇼핑, 내 성적 관련한 것 말고 사회와 관련한 이야기를 하는 건 좀처럼 들어 본 적이 없다. 뭐 사실 나도 그렇지만. 마르크스 아저씨 방문 덕분에 집에서 조금은 진지한 대화가 오가는 기분이다. 아빠가 맥주를 한 잔 들이키더니 다시 말을 이어간다.

"마르크스 선생의 논리에는 허술한 면이 상당히 많은 것 같아요. 무엇보다도 선생은 이윤과 착취 문제를 말하면서 모든 근거를 노동자의 노동 시간 즉 노동량을 통해 설명하고 있거든요."

"그랬죠."

"하지만 이윤은 노동자의 노동량을 통해서 형성되는 것이 아닐 수 있어요. 이윤은 상품의 가치를 어떻게 실현하는가에 의해 주로 결정되는데 여기에서 노동량이 차지하는 비중은 매우 적거든요. 이윤은 노동 과정이 아니라 수요와 공급의 관계 속에서 발생해요. 즉 소비자에 미치는 주관적 효용의 입장에서 가치가 달라집니다."

"현대 자본주의 경제 이론가의 주장 중 하나인 효용가치론을 말하는 거군요. 하긴 그 사람들은 노동 착취에 근거한 저의 이윤 축적 주장을 마치 낡고 시대에 뒤떨어진 것으로 매도하더군요."

엥? 효용가치론은 또 뭐지? 전혀 들어보지도 못한 이상한 단어가 튀어나온다. 무슨 말인지는 알아야 하니 물어보는 수밖에.

"효용가치론이 뭐예요?"

"아, 그건 아빠가 쉽게 설명해 줄게. 예를 들어 같은 청바지라 하더라도 2~3만 원짜리가 있는가 하면 수백만 원짜리도 있는데, 수백만 원짜리 청바지를 만들어 판매할 때 당연히 더 많은 이윤을 축적하겠지? 주관적 효용을 중시하는 입장에서 보면 상품을 사는 구매자가 그 정도의 돈을 지갑에서 내놓는다는 것은 그 값을 지불할 만큼 미적 욕구나 허영을 만족시켜 줄 무언가가 그 상품에 있다는 말이겠지. 기업가가 소비자의 욕망을 충족시켜 준 것이니까 상품의 가치와 이윤의 원천은 주관적 효용을 충족시켜 준 기업가에게 있는 거지."

"그렇구나. 아빠 설명을 들으니, 정확하게는 아니더라도 어렴풋이 무슨 말인지는 알 것 같아."

"다시 본론으로 돌아가 이야기를 마무리하면, 그렇기 때문에 마르크스 선생 논리처럼 이윤은 노동자의 노동 시간 중 일부를 빼앗아서 생기는 게 아니라, 자본가의 창의성과 노력이 만들어 낸 것이죠.

당연히 이윤에 대한 배타적 권한이 기업가에게 있는 것이고요."

"효용가치론자들의 논리는 여러 가지로 문제가 있고 심지어 이론과 현실의 관계에서 자기모순이기도 해요."

"어떤 점에서요?"

"주관적 효용을 창출한 자본가는 당연히 소수일 텐데요. 좀전에 청바지의 예를 들었는데, 그렇게 비싼 가격표를 달 수 있는 제품과 회사는 극소수에 불과하지 않나요? 주관적 효용은 실제적이든 표면적이든 희소성을 무기로 하여 비싼 가격표를 다는 거잖아요. 만약 다수 기업이 그러하다면 이미 다른 자본에 비해 초과 이윤을 획득한다는 것 자체가 성립할 수 없으니까요."

"당연히 극소수의 기업이죠."

"아니, 그러면 주관적 효용을 창출한 소수 기업만 자본이고, 그렇지 못한 다수의 기업은 자본이 아닌가요? 우리가 자본주의 사회의 이윤 원리를 분석하고 규정할 때 자본 전체, 즉 총자본을 대상으로 분석을 해야지 그러한 극소수의 자본만을 대상으로 해야 하나요? 그건 말이 안 되죠."

"흠. 그런 문제가 있기는 하네요. 하지만 기업끼리도 경쟁이 불가피하다는 점에서 일단 효용을 창출한 기업을 중심으로 좁혀서 보면 타당한 논리 아닌가요? 어쨌든 기업가의 창의성이 효용을 만들어낸 경우에는 분명히 이윤의 근거를 여기에서 찾아야 하지 않나요?"

"주관적 효용을 창출한 기업에 한정해서 본다고 해도 그 논리는 문제가 있어요. 실제의 현실과 전혀 맞지가 않거든요. 이윤이 노동자의 노동 중 일부로부터 발생한다는 것은 무엇보다도 현실의 기업들이 생산력 증대에 목을 매는 데에서도 여실히 증명되거든요. 자본은 너나없이 경쟁력 강화를 위해 생산성 증대에 목을 매달고 있잖아요. 주관적 효용을 창출하는 데 대성공을 거둔 기업도 예외가 아니죠. 오히려 그렇게 성장한 기업일수록 생산성 향상에 더 몰두하는 걸 우리는 흔히 볼 수 있습니다."

"막연하게 설명하지 말고, 구체적으로 어떤 기업이 그렇다는 거예요?"

"대부분의 성공한 기업이 그렇죠. 이해하기 쉽게 한국 기업의 예를 들어볼게요. 한국의 경우 창의적 상품으로 비싼 가격을 매길 수 있는 효용을 창출한 기업으로 S회사를 떠올릴 수 있습니다. 이 회사의 스마트폰은 가장 비싼 편에 속하는 데도 세계적으로 날개 돋친 듯이 팔리니까요. 하지만 그 기업이 일을 많이 시키기로 유명하지 않나요? 일하는 시간에도 숨 돌릴 틈 없이 빡빡하고, 사무직의 경우는 가장 일찍 출근하고 가장 늦게 퇴근하는 기업으로 널리 소문나 있던데요. 그만큼 임금으로 지급되지 않는 부분을 늘리고, 또한 생산성 향상이라는 이름으로 노동 강도를 장난 아니게 높여 놓았다고 알고 있어요."

"생산성 향상을 너무 곱지 않은 시선으로만 보는 게 아닐까요?"

"앞에서도 말했지만 그게 생산성 향상의 본질 아닌가요? 동일한 양의 노동을 투입하여 더 많은 양의 상품을 생산한다는 것, 바꾸어 말하면 단위 상품의 생산에 보다 적은 노동 시간이 투입된다는 것을 의미하죠. 그만큼 노동자의 노동 시간 중에 임금으로 지급되는 부분을 최소화하고, 지급되지 않는 부분을 최대화함으로써 이윤을 높이려는 몸부림이고요. 현실이 이러하니 현대 자본주의 경제학자들이 이론적으로는 이윤의 근거가 노동 착취에 있다는 것을 부정하면서도 실천적으로는 생산성 향상의 중요성을 역설하는, 웃지 못할 개그를 하고 있다고 여길 수밖에요."

"생산 과정을 자동화, 전산화함으로써 생산성이 높아질 때 기업이 성장하고 자본주의가 지속적으로 발전할 수 있다는 점을 생각해야죠. 아까 공장 견학에서 봤듯이 우리 회사가 시장 경쟁에서 우월한 위치에 설 수 있는 것도 생산 라인을 끊임없이 최신 시설로 개선해 온 노력이 큰 역할을 한 거거든요. 자본주의가 대공황을 비롯하여 여러 우여곡절을 겪으면서도 계속 발전해 올 수 있었던 이유는 기술과 기계의 발달에 힘입어 이윤을 끊임없이 증가시켰기 때문이라는 건 부정할 수 없는 사실 아닌가요?"

"생산 기계의 발달은 일시적인 이윤 상승을 낳을 뿐이죠. 장기적으로는 이윤율이 하락할 수밖에 없어요."

"그거야말로 도저히 이해할 수 없는 이상한 논리네요. 아니, 생산 기계 발달이 어떻게 이윤을 낮출 수 있나요?"

"이윤은 임금으로 지출되는 비용만이 아니라, 원료나 중간 부품

구입비, 나아가서는 생산설비와 같은 고정자본 비용 등 생산과 판매 관련하여 지출되는 모든 비용을 제외한 나머지 부분이라고 봐야죠?"

"당연하죠."

"특히 생산설비 같은 고정자본에 막대한 비용이 들어갈 테고요."

"그것도 당연하죠. 기계와 생산 라인을 구축하는 데 엄청난 비용이 들어가니까요."

"특히 아까 공장에서 봤듯이 자동화, 전산화된 생산 기계를 갖추려면 아마 천문학적인 액수의 비용이 들어가겠죠?"

"구태여 말할 필요도 없죠. 생산 라인을 자동화된 최신 시설로 변경하는 데 상상할 수 없을 정도의 막대한 돈이 들어가거든요."

"상식적으로는 그 정도의 엄청난 비용을 들였으면 기계의 수명이 다할 때까지 사용해야 하지만 현실에서는 불가능해요."

"무슨 얘긴지…."

"기업 간 생산성 경쟁이 생산 시설을 자주 교체하게 만든다는 거죠. 그렇지 않습니까?"

"장난이 아니죠. 세계 시장에서의 경쟁은 차치하고 당장 가전제품 시장을 놓고도 국내 업체끼리의 경쟁이 치열한 걸요. 당연히 더 우수한 품질의 제품, 더 높은 생산성을 위해 기계를 비롯한 생산 시설 교체가 빈번한 편이죠."

"기술의 발달 속도가 빨라지면서 생산설비 같은 고정자본의 교체 주기는 더 빨라지고 있지요. 특히 자동화는 컴퓨터 기술의 발달에 기초하는데, IT 분야는 하루가 멀다 하고 신기술이 쏟아져 나와서 교체 주기가 갈수록 당겨지고요."

"확실히 그런 경향이 있죠. 그런데 그게 왜요?"

"왜라뇨? 고정자본의 잦은 교체로 인해 이윤으로 놀아갈 부분이 점차 적어지는 현상이 나타나게 되죠. 저는 이러한 현상을 '이윤율 경향적 저하의 법칙'이라고 부릅니다. 노동력 구입에 투여되는 비용에 비해 고정자본 비용이 더 증가할수록 이윤이 감소하는 경향이죠. 결국 기업이 거대화되고 생산이 첨단화될수록 자본이 얻는 이윤은 적어지는 모순이 생겨요."

"그 문제는 생각해 본 적이 없어서 뭐라고 하기가 어렵네요."

"뭐, 골치 아픈 이론을 다 알아야 할 필요는 없고요. 다만 생산설비 개선을 통한 생산성 향상이 예슬이 아빠의 기대처럼 자본주의의 만병통치약은 아니라는 점, 오히려 자기 무덤을 팔 수 있는 양날의 칼이라는 점 정도만 이해하면 되지요."

"그래도 우리 회사의 경우를 보면 매년 적지 않은 이윤을 내고 있거든요."

"바로 거기에 노동 시간과 노동 강도가 한국의 재벌 기업 중 최고인 비밀이 숨어 있기도 하죠."

"무슨?"

"고정자본 비용이 늘어날수록 이윤율 유지를 위해 자본가는 노동자의 노동력 중에 임금으로 주어지지 않는 부분을 늘리려 하니까요. 특히 생산성 향상을 통한 노동 강도 강화에 매달려요. 결국 노동자에 대한 착취가 늘어나고요."

"글쎄요. 결국 보는 관점에 따라 다르게 접근할 수밖에 없는 것 아닌가 싶은데요."

"문제는 그러한 주장을 자본가가 아니라 노동자가 강변하고 있다는 게 아닐까요? 만일 어느 기업가가 제게 그런 말을 했다면 저는 별로 놀라지도 않을 겁니다. 그 사람들이야 어떻게 해서든지 마치 신이 세상을 창조하듯이 이윤도 노동자와 무관하게 스스로가 창조한 것처럼 억지 부릴 테니까요. 신학에서 설득력을 잃어버린 창조론을 다시 경제학에 도입하려는 허무한 시도에 불과하죠. 그런데 예슬이 아빠처럼 매일 장시간 노동에 시달리는 한국의 사무직 노동자에게서 그런 말을 들으니 좀 당황스럽네요."

"여전히 스스로 노동자라는 말이 거북해요. 아무리 선생 말처럼 확률이 낮다고 해도 노동자로 살기보다는 언젠가는 전문 경영인이 되는 게 제 꿈이니까요."

나는 아빠의 마음을 이해할 것 같다. 꼭 팔이 안으로 굽어서만은 아니다. 나만 해도 노동자로 살아야 한다고 생각하면 그리 반가울 리 없을 테니까.

그런데 이야기를 들으며 생각하니 은근히 화가 좀 났다. 오늘 아저씨랑 아빠의 대화 안에는 학교에서 배운 내용과 전혀 다른 게 적지 않으니까. 동일한 사회 현상에 대해서도 아빠와 아저씨의 대화처럼 얼마든지 서로 다르게 이해할 수 있는 내용인데 말이다. 하지만 학교에서는 교과서에 나온 내용을 답으로 외워서 써야 좋은 점수를 받을 수 있다. 특히 교과서에는 아빠가 말한 내용이 진리인 것처럼 나와 있다. 뭔가 문제가 있는 것 같다.

아무튼 오늘의 진지한 대화는 여기에서 마무리됐다. 마르크스 아저씨도 오늘은 더 이상 말한다고 해서 별 진전이 없을 걸 알았나 보다. 대화 주제를 바꿔서 좀 더 가벼운 이야기를 하자고 하셨다. 정말 말 그대로 아주 소소한 얘기, 처음 먹어 본 한국 음식에 대한 인상이나 우리 집 구석구석이 깔끔하다는 얘기 등이 오가다가 밤이 깊어질 때쯤 다음날을 기약하고 잠자리에 들었다.

5

홍대 거리에
나가다

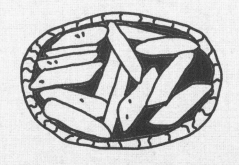

오늘은 아저씨랑 홍대 거리를 찾았다. 도심은 충분히 봤으니 한국의 대중문화, 특히 젊은 층의 문화를 직접 느껴 볼 수 있는 곳에 가 보고 싶단다. 어디를 찾아갈까 곰곰이 생각했지만, 홍대만 한 곳이 떠오르질 않았다. 홍대 인근은 젊음의 거리다. 중고등학생은 물론이고, 20~30대 젊은 층으로 항상 북적대는 곳이다. 흔히 불타는 요일이라는 의미로 불금이나 불토라는 말을 사용하지만, 홍대는 일주일 내내 불타는 요일이다. 갖가지 상점과 공연장, 클럽은 언제나 활기로 가득하다.

지하철에서 올라오자마자 왜 홍대인지 증명이라도 하듯 거리가 붐빈다.

"여기가 홍대예요."

"정말 젊음의 열기가 가득한 느낌이네."

"한국 대중문화는 인터넷이나 TV로 보면 될 텐데, 왜 이런 거리까지 나오고 싶었어요?"

"케이팝의 대표적인 노래야 인터넷을 통해 이미 봤지. TV도 예술이네 집에 온 후로 저녁이면 시간이 날 때마다 봐 왔고."

"그러면 대충 감 잡으셨을 텐데, 이 복잡한 거리까지 왜 나온대요?"

"TV에서는 주류에 속하는 대중문화만 볼 수 있으니까."

"아! 그러면 제대로 찾아왔네요."

"왜?"

"홍대 거리야말로 한국 인디문화의 상징이거든요."

"인디문화?"

"TV나 대형 연예 기획사와는 거리를 두고 독립적인 노선을 걷는 사람들이요."

"호오. 그래? 기대가 되는걸?"

홍대 골목을 따라 걸었다. 양쪽으로 즐비하게 늘어선 옷집마다 구경하거나 흥정하는 사람으로 발 디딜 틈이 없다. 교복 차림의 학생들도 있고, 20대로 보이는 수많은 남녀들이 거리를 누비고 있다. 이미 음식점도 대부분 문을 열어서 기분 좋게 코를 자극한다. 길거리에서 수다를 떨며 재잘거리는 소리조차 음악인 듯 흥겹다.

"그런데 사실 저는 아이돌 그룹 광팬이에요."

"그래?"

"요즘 같아서는 저의 유일한 위안인걸요."

"위안?"

"아빠랑 싸워서 화가 나거나 엄마 잔소리 때문에 꿀꿀할 때 오빠들 노래를 들으면 기분 전환이 되거든요."

"뭐가 그렇게 좋아?"

"잘생겼잖아요. 춤도 잘 추고."

"하긴 인터넷이나 TV로 보면 하나같이 미소년이서나 미녀로 구성된 그룹이고, 주로 댄스 음악을 하더라. 하지만 좀 전에 말했듯이 주류 대중문화에 대해서는 그다지 좋은 인상을 받지는 못했어."

"왜요? 여기 홍대 중심으로 활동하는 가수나 그룹은 좀 다듬어지지 않은 느낌이어서 거칠거든요. 그에 비해 TV에 나오고 음원 판매량이 많은 가수들은 노래나 춤이 훨씬 더 세련됐는데."

"TV 중심의 주류 대중문화는 아무래도 자본의 논리에서 벗어나지 못하고, 오히려 본질적으로 자본과 국가의 이해를 대변할 수밖에 없는 위치에 있거든."

"그거야 가수에 따라 다른 거 아니에요?"

"물론 예외적인 경우가 있을 수 있지만 주류 대중문화의 속성상 대부분은 자본이 원하는 바를 충실히 따를 수밖에 없어."

"작곡이나 작사, 또 가수의 노래는 개성의 표현이잖아요. 개성이 저마다 다른데 어떻게 비슷한 성격을 지녀요?"

"개성?"

"네, 문화라는 것이 창작자의 독창적인 감성 위에서 만들어지니까요. 장르는 비슷할 수 있지만 내용과 표현은 당연히 다양하게 나타나죠."

"개성의 표현을 완전히 부정할 수는 없겠지만, 기본적으로 한 사회의 문화는 그 사회의 경제적인 조건과 계급적 이해에서 자유롭지 못하거든."

"막연해서 무슨 얘긴지 잘 모르겠어요."

"그럼 예를 들어 볼게. 예슬이가 역사 공부를 좋아하니 역사의 사례를 통해 보자. 한국 전통 사회의 주류 문화는 어떤 거였어?"

"유교 문화였죠."

"유교 문화의 대표적 특징이 뭐지?"

"한마디로 말하기는 어려운데…. 문화의 형식으로만 본다면 선비들의 시조나 서화 등이 중심이었죠."

"선비라는 사람들이 서양으로 말하자면 귀족 아니야?"

"비슷해요. 조선 시대에는 양반이라고 불린 사람들이죠."

"그러면 시조나 서화에 사용된 글자는?"

"중국에서 들여온 한자를 사용했죠."

"잘 알겠지만 한자는 귀족이나 양반들의 전유물이었어. 그래서 일반 백성은 글을 읽거나 쓸 수 없었지. 이를 우민화 정책이라고 해."

"우민화 정책이요?"

"백성을 바보로 만드는 문화 정책이라는 뜻이야."

"선비마다 각기 독특하고 개성 있는 작품들을 남겼는데 그게 왜 나쁜 거죠?"

"형식이나 표현에서 차이야 있겠지만 내용으로 보자면 주류 문화는 하나같이 오직 당시 지배 계급인 양반의 우월성을 드러내는 수단일 뿐이었어. 그들의 시조나 시화에 일반 농민의 고단한 삶이나 양반이 평민을 부당하게 착취하거나 억압하는 현실을 고발하는 내용이 남긴 걸 본 적 있어? 내부분은 그서 부와 지위를 지닌 사들반의 노력률이거나 유유자적한 감정의 유희에 지나지 않지."

"…."

"유럽도 마찬가지였어."

"유럽도 귀족만 글자를 썼나요?"

"중세 유럽의 주류 문화가 무엇이었는지는 알지?"

"기독교 문화였겠죠."

"맞아. 로마 교황청을 정점으로 하는 기독교 중심의 문화가 지배했지. 각 지역의 주인 역할을 하는 영주를 비롯하여 왕족이나 귀족만 이해할 수 있는 문자를 사용했지. 유럽은 라틴어가 동아시아에서의 한자 역할을 대신했어. 성경은 물론이고 성당에서 예배를 볼 때 성직자들이 사용하는 말도 모두 라틴어로 되어 있었거든."

"그렇다면 귀족이 아닌 사람은 아예 신부의 설교 내용조차 못 알아들었겠네요?"

"알아들을 턱이 없지. 그런 방식으로 귀족의 우월성을 드러내고자 했으니까. 회화나 클래식 음악 같은 것도 일반 평민인 농노는 전혀 접할 수 없었지. 오직 귀족만 만들고 향유할 수 있는 문화였어. 교회에서 이루어지는 설교도 신의 대리인인 성직자나 귀족에 복종하는 내용들로 채워졌지."

"전통 사회야 그렇다고 쳐도 요즘 같은 현대 사회는 전혀 다르잖아요. 대부분 자기 나라의 글을 읽거나 쓸 수 있으니까요. 또 TV와 같은 대중매체를 통해 미술이나 음악을 얼마든지 접할 수 있는 환경이기도 하고요."

"그래. 네 말대로 현대 자본주의 사회에서는 주류 문화와 관련해서 크게 두 가지 방향으로의 변화가 있었지. 문맹자의 획기적인 감소와 대중매체의 보급이지. 하지만 전통 사회에서 지배 계급을 위해 봉사하던 문화의 역할은 여전히 유지되고 있다는 점이 문제야."

"모두가 문화를 접하거나 향유할 수 있는데 어떻게 특정 계급의 이해가 중심이 될 수 있어요?"

"알기 쉽게 TV를 생각해 볼까? 방송사는 무엇으로 돈을 벌어?"

"그야 광고 수입이겠죠."

"광고는 누가 제공하지?"

"당연히 기업이 광고를 하지요."

"그래, 기업 중에서도 주로 대기업이지. 중소기업은 막대한 TV 광고비를 감당할 수 없을 테니까."

"맞아요. 유명한 대기업이 주로 광고를 해요."

"그러면 대기업은 어떤 프로그램에 광고를 하려고 할까?"

"너무 쉬운 걸 계속 물어보시네요. 당연히 시청률이 높은 프로그램이죠. 그래서 방송사 사이에 시청률 경쟁이 치열하고요."

"기본적으로는 시청률이 높아야지. 하지만 시청률만으로는 기업의 요구를 충족시켜 줄 수 없어. 대기업의 물건을 살 만한 사람들이 그 광고를 봐야지. 광고에 나오는 대기업 제품은 주로 고가인 경우가 많지?"

"아무래도 그런 경우가 많죠. 휴대 전화는 물론이고, TV나 냉장고, 세탁기 등 대기업 가전제품은 대부분 비싸니까요. 승용차나 아파트는 더 그렇고요. 상대적으로 저렴한 화장품만 하더라도 중소기업 제품과 대기업 제품은 가격차가 상당해요."

"그러면 누가 그런 제품을 구입할 수 있겠어? 중산층 이상 아니겠어? 방송사 입장에서는 광고주의 구미에 맞게 중산층 이상이 주로 선호하는 프로그램을 제작하기 마련이야."

"어떤 걸 선호하는데요?"

"중산층이 원하는 건 대체로 상류층으로 신분 상승을 하는 거야. 방송국에서도 중산층의 그러한 욕구에 맞춰 프로그램을 제작하다 보니 신분 상승에 초점을 맞추는 경향이 생기지."

"어떤 걸 말하는지 언뜻 떠오르진 않아요."

"예를 들어 한국 드라마의 단골 소재 중에는 주인공이 재벌가의 남성이나 여성을 만나 한순간에 신분 상승하는 줄거리가 많아. 주인공의 직업도 대부분 화이트 칼라 고위직 회사원이거나 아니면 고위 경영자, 의사 등 고소득 전문직인 사람들이 많지. 가난한 노동자나 농민들이 겪는 삶의 애환이나 고통, 이를 극복하기 위한 저항을 다루는 드라마는 거의 없다고 봐야지."

"생각해 보니 대부분의 드라마가 그렇기는 하네요."

"TV 드라마에 빠지면 자기도 모르게 상류층이 누리는 환경을 인간의 가장 이상적인 생활로 여기게 돼. 같은 사회적 약자인 노동자와 농민에게 연대 감정을 느끼기보다는 오히려 이를 경멸하고 자본가를 비롯한 부유층의 삶을 추종하는 심리 상태를 만들어 내지."

옷 가게와 음식점이 즐비한 홍대의 중심 거리를 돌고 나니 약간 허기가 진다. 아저씨와 쉴 새 없이 얘기를 하며 걸어다녀서 더 그런 것도 있고. 더구나 홍대 거리에는 온갖 먹을거리가 가득한데, 음식점 밖으로 솔솔 맛있는 냄새가 흘러나와 더 군침이 돈다.

"아저씨, 출출하지 않으세요? 홍대는 군것질로도 유명해요."

"그거 좋지! 이 큰 덩치를 유지하려면 자주 먹어 줘야 하거든."

"뭐가 좋을까요?"

"유럽에서는 먹어 볼 수 없는 거!"

"그럼 홍대의 명물로 꼽히는 곳에 가 봐요. 아마 아저씨가 평생 잊지 못할 화끈한 맛일걸요?"

"벌써 군침이 도는걸!"

홍대의 유명한 떡볶이 가게로 들어갔다. 입구에서 주문을 받고 음식을 담아 주는 사람들이 모두 남자고, 무뚝뚝한 게 무슨 '조폭' 같다고 해서 유명해진 집이다. 물론 맛도 있고 학생들이 부담 없이 즐기기에 값도 저렴한 편이라 인기 짱이다. 떡볶이와 순대, 튀김을 1인 분씩 시키고 자리를 잡았다. 일단 아저씨가 매운 떡볶이에 어떤 반응을 보일지 궁금하다. 아저씨도 떡볶이가 제일 먹음직스러워 보이는지 제일 먼저 포크가 그쪽으로 향한다.

"토마토케첩으로 소스를 만들었나 보네?"

"일단 드셔 보세요."

겁 없이 하나를 입에 쏙 넣는다.

"어이쿠! 이게 뭐야!"

"화끈하죠?"

"너무 매워! 물 좀!"

물 한 컵을 단숨에 들이켠다. 그래도 매운 기운이 가시지 않는지 입에 손 부채질을 한다.

"떡볶이라고 해요. 매운 고추장 소스로 만든 건데, 한국 사람들은 무진장 좋아하죠."

"매워서 정신이 하나도 없다."

"그래도 한국의 특별한 음식이니까 조금씩 드셔 보세요. 여기 튀김이랑 함께 드시면 조금은 덜 매울 거예요."

이번에는 한입에 삼키지는 않고 튀김과 번갈아 가며 조금씩 잘라 드신다. 여전히 매운지 얼굴이 벌겋고 이마에 땀이 맺힌다. 몇 개 더 먹어 보고는 도저히 안 되겠는지 튀김만 조금 더 드시다 만다. 연거푸 물만 마시며 나를 빤히 쳐다본다. 내가 그 매운 걸, 심지어 고추장 국물에 듬뿍 묻혀 가며 순식간에 먹는 게 신기한가 보다.

"아저씨, 아직 이해가 잘 안 가는 부분이 있어요."

"그래? 뭔데?"

"좀 전에 하던 대중문화 얘기요. 아저씨가 주류 대중문화의 특징이 우민화인지 뭔지와 연관이 있다고 했잖아요."

"그랬지."

"하지만 현대 사회에서는 그래도 예전처럼 국민을 바보로 만드는 짓은 안 하잖아요. 대부분 글을 읽거나 쓸 줄 아니까요. 또 대중매체를 통해 어느 정도 사회에 대한 정보도 알고 있고요."

"오히려 문화 정책이 더 노골적인 우민화 방향으로 가고 있는 걸?"

"에이. 설마요."

"설마가 사람 잡는다는 말이 딱 맞아."

"어떻게 현대인을 바보로 만들 수 있겠어요? 강제로 무언가를 접하지 못하도록 강제할 수도 없는데."

"자본주의 사회의 각 국가는 3S정책이라는 아주 유용한 도구를 개발해 냈거든."

"그건 또 뭐래요?"

"세 단어의 이니셜을 딴 말이지. 스포츠 산업, 스크린 산업, 섹스 산업을 통해 국민을 바보로 만드는 방법이야. 자본주의 사회의 대중문화는 대체로 이들 산업의 지배를 받고."

"어디서 들어 본 것 같은 이야기이긴 해요. 자세한 내용은 잘 모르지만요."

"스포츠부터 볼까?

"스포츠야 자본주의 사회가 아니라 예전부터 어느 사회에나 있었던 거 아니에요?"

"스포츠 자체는 그렇지. 하지만 자본주의 사회에서는 스포츠 조차도 자본의 이윤 논리와 국가의 통제 논리 아래 종속돼."

"스포츠에 어떻게 이윤이나 통제가 숨어 있죠?"

"예슬이는 어떤 스포츠를 좋아해?"

"야구가 제일 재미있어요. 서울 팀 경기 있는 날이면 종종 TV를 보면서 응원도 하고요."

"중고등학교나 대학교 팀은 아니지?"

"요즘 누가 아마추어 경기를 봐요. 당연히 프로 야구팀이죠."

"그럴 거야. 프로 야구팀 구단은 주로 어디서 소유하고 있지?"

"생각해 보니 대기업이네요."

"맞아. 자본주의 사회에서 스포츠는 순수하게 기량을 다투는 경기가 아니라 자본이 결합된 프로 스포츠로 변질됐지. 야구뿐만 아니야. 축구, 농구 등 대부분 스포츠가 그렇지."

"경기장 입장료를 바라는 건가요?"

"관중 수입만이 아니라 기업 광고 효과까지 고려하면 막대한 이익을 보장하지. 여기에 사회적 효과까지 더해서 생각해야 하고."

"사회적 효과라니요?"

"사람들이 빈부 격차나 사회적 억압에 관심을 갖지 못하도록 만드는 효과 말이야."

"그런 게 프로 스포츠로 가능해요?"

"한국만 해도 그래. 원래 군사 독재 시절엔 총과 칼, 고문과 투옥 등 직접적인 폭력을 동원해 나라를 통치했잖아. 하지만 끊임없이 이어지고 확대된 민주화 운동을 통해서도 알 수 있듯이, 폭력을 통한 공포심으로 유지되는 지배 세력은 오래 갈 수가 없어. 1980년대에 새롭게 등장한 군부 세력은 스포츠를 지배 수단으로 적극 사용했지. 정권의 운명을 걸고 아시안 게임과 올림픽 게임을 유치하고, 다른 한편으로는 대기업과 손잡고 각종 프로 스포츠를 육성했어. 프로 야구도 그때 만들어진 거고."

"프로 스포츠가 그렇게 만들어졌어요?"

"한국 역사에 대해 조금만 관심을 갖고 자료를 찾아보면 다 나오는 내용인걸!"

"그런 건 학교 역사 수업에서 가르쳐 주질 않아요."

"한국만이 아니야. 서구 선진국에서도 민주주의 절차가 자리 잡은 20세기 중반 이후, 무력으로만 통치하기 어려운 상황에서 스포츠 등을 이용한 대중의 탈정치 의식화가 대대적으로 진행돼. 프로 구단은 한편으로는 대기업, 다른 한편으로는 지역 연고에 결합시키는 방식으로 나타나거든. 지역별 프로팀을 통해 지역감정과 스포츠가 절묘하게 결합되지. 예슬이가 응원하는 야구단은 어느 지역에 연고를 둔 팀이야?"

"저야 서울에 사니까 서울 구단이죠."

"그것 봐. 야구든 축구든 대부분 자기 지역에 연결된 팀을 응원해. 자기도 모르게 지역감정을 키우게 되지. 스포츠 경쟁에 몰두하게 하고 더 나아가 지역감정을 부채질함으로써 사람들이 현실 문제에 대해 비판적인 사고를 할 수 없게 해. 특히 사람들이 주로 느끼는 불만은 빈부 격차나 정치적 억압이기 마련이잖아. 자본과 정부에 대한 비판이 사라지도록 만들지."

"스크린과 섹스 산업은요?"

"스크린은 영화나 TV 등 영상 매체 전체라고 보면 돼. 이를 통한 효과는 스포츠와 비슷하고. 사회 현실에서 눈을 돌리고 오직 구성원 사이의 경쟁에만 몰두하게 만들지. 스포츠가 지역감정에 영합한다면, 대중매체는 신분 상승 감정에서 헤어 나오지 못하도록 하거든. 아니면 섹스 산업처럼 개인적 욕망에서 허덕이게 하든가. 아마 최근의 상황을 보면 여기에 컴퓨터 게임을 비롯한 각종 게임 산업도 추가돼야 할 거야."

"대중문화에 그렇게 자극적인 문화만 있는 건 아니잖아요."

"예를 들면?"

"미술이나 클래식 음악도 옛날처럼 귀족의 전유물만은 아니게 됐으니까요. 각종 전시회나 연주회는 물론이고 TV에서도 조금만 관심을 가지면 얼마든지 접할 수 있거든요. 아저씨가 너무 한쪽 면만 보시는 거 아니에요?"

"미술이나 음악은 사람들에게 무력감을 주면서 지배자들의 또 다른 계급 지배 수단으로 쓰이고 있어."

"무력감이라뇨?"

"예슬이는 서양화가 중에 누구를 좋아해?"

"마네나 고흐요."

"아마 많은 사람들이 인상주의 화가를 좋아할걸?"

"네. 맞아요. 현대 회화라고 불리는 그림은 도무지 이해할 수 없고, 중세 회화는 예수나 마리아 그림뿐이라서 별 감흥을 안 주거든요. 인상주의 화가들의 그림은 색도 예쁘고 어떤 상황인지 그나마 이해할 수 있어서 쉽게 다가설 수 있죠."

"예슬이 말대로 지난 수십 년 간 미술은 추상회화가 지배해 왔어. 캔버스에서 일체의 형태가 사라지고 단순한 면과 색만 남겨 놓았지. 심지어 모노크롬(Monochrome)이라 불리는 경향이 가장 큰 영향력을 발휘할 정도야."

"모노크롬 회화가 뭐에요?"

"단색화라고 생각하면 돼. 한 가지 색으로 채도와 명도만 달리해 화면을 구성하는 표현 방식이지. 서양에서 20세기 중반 이후에 등장해서 지금까지 전 세계에서 맹위를 떨치고 있어."

"사람이든 자연이든 뭔가 익숙한 게 나와야 이해가 가죠. 저도 처음에 피카소 그림을 봤을 때는 내가 발로 그려도 이만큼은 그리겠다고 했었는데, 갈수록 그건 양반인 거 같아요. 어쨌든 그림 안에 볼 수 있는 뭔가가 있으니까요. 현대 회화는 왜 일반 사람들이 도무지 이해할 수 없는 방향으로 흘러갈까요?"

"회화뿐 아니라 음악도 마찬가지야. 모든 전통적인 형식을 파괴하고 어떤 메시지를 드러내려 하는지 알 수 없는 방향으로 바뀌었지. 과거에는 미술이나 음악을 접하는 것 자체가 사실상 귀족에게만 허용되어 있었어. 그것만으로도 지배 계급과 피지배 계급을 문화적으로 구분할 수 있었지. 하지만 대부분의 사람이 글을 읽고 쓸 수 있게 되자 다른 방식으로 계급적인 선 긋기가 나타났다고 봐야지. 점점 난해하게 표현함으로써 일반인은 이해하지 못하고 작품을 보며 무력감을 느끼지. 상당한 부를 누리고 있어서 전문적인 문화 교육을 받은 사람들만이 즐길 수 있는 방향으로 바뀌는 거야. 결국 자본가를 비롯한 지배 계급의 우월성을 드러내는 수단이 형태만 바뀌었을 뿐 문화를 통해 계속 유지되는 중이지."

"그래서 도무지 이해할 수 없는 그림만 그린 거구나."

저녁 시간이 되고 주변이 조금씩 어두워지자 홍대 거리는 더 많은 사람으로 북적인다. 커피숍과 음식점, 술집에도 점점 빈자리가 줄어든다. 주차장은 이미 각종 자동차로 가득하다. 골목을 따라 길게 늘어선 상점에서 밝힌 네온사인으로 낮보다 밤의 홍대가 더 생명력이 넘친다. 마치 낮에는 잠을 자던 거리가 해가 저물자 깨어나 화려한 화장과 옷차림을 하고 외출한 느낌이다.

홍대 골목 안쪽의 아담한 공원처럼 꾸민 곳으로 들어서자 여기저기 수십 명씩 사람들이 모여 있다. 아저씨는 또 궁금증이 발동했는지 고개를 빼들고 기웃거린다. 저녁 시간에 홍대에 오면 쉽게 볼 수 있는 길거리 공연이 한창이다. 아저씨가 공연을 보고 가자며 고개를 끄덕인다. 제법 사람들이 많이 모여 있는 곳을 비집고 들어가 앞쪽에 자리를 잡았다. 기타와 멜로디언, 젬베의 단출한 연주에 맞춰 노래를 하는 중이다. 연주나 노래를 하는 사람 모두 20대 중반 정도로 보이는 오빠들인데, 편한 청바지와 티셔츠 차림이다. 장르를 가리지 않고 기성 가수의 노래와 자신들의 자작곡이라고 소개한 노래를 번갈아 가며 들려준다.

예닐곱 곡의 노래를 듣다가 다른 무리들이 있는 곳으로 옮겨 갔다. 이번에는 두 명의 여성이 통기타 반주에 맞춰 듀엣 공연을 하는 중이다. 대체로 포크송 계열의 노래인데, 투명하고 맑은 목소리가 매력적이다. 하지만 언제나 그렇듯이 세련된 느낌은 별로 없다. 노래도 단순하고 목소리도 아마추어 냄새가 뚝뚝 묻어난다.

공원 끄트머리에 유난히 활기찬 분위기를 풍기는 무리가 있다. 내가 자꾸 그쪽으로 눈길을 주자 아저씨도 가 보자고 한다. 힙합 위주의 공연이다 보니 한눈에 보기에도 공연이나 구경하는 사람 모두 다른 무리보다 젊다. 10~20대 초반이 대부분이다. 격한 리듬에 맞춰

랩이 쏟아져 나오고, 한쪽에서는 음악에 몸을 맡긴다. 구경하는 사람도 어깨를 들썩이며 호응한다.

한 시간 정도 공원에 머물다 다시 상점 골목으로 들어섰다. 어디를 가도 팔짱을 끼거나 손을 잡은 연인들이 많다. 내 나이 또래 학생도 자주 눈에 띈다. 학교나 학원에 갈 걱정 없이 이렇게 아침부터 저녁까지 한가한 시간을 보낸 게 언제인지 싶다. 아주 조금은 막혀 있던 숨통이 트이는 느낌이다.

"예슬아, 이건 무슨 소리니?"

"뭐가요?"

"이 시끄러운 소리 말이야."

무슨 소린지 몰라 두리번거리니 홍대 거리에 즐비한 클럽에서 흘러나오는 음악 소리다. 바깥 거리로 소리가 들리도록 일부러 스피커를 설치했는지 유난히 크게 들린다. 몇몇 클럽 앞에는 사람들이 수십 명씩 길게 줄을 늘어선 채 입장을 기다리고 있다. 친구나 연인끼리 무리지어 와서 그런지 기다리는 중에도 수다를 떠느라 시끌벅적하다.

"클럽 음악 소리예요."

"와. 소리가 너무 커서 정신이 하나도 없을 정도네."

"원래 좀 요란스러워요."

"뭐 하는 클럽인데?"

"술도 마시고 춤도 추는 곳이죠. 홍대에 지천으로 깔린 게 저런 클럽이고요."

"저렇게 길게 줄을 설 정도로 인기가 많아?"

"대학이나 직장에서 쌓인 스트레스를 술과 춤으로 풀어 버릴 수 있으니까요."

"예슬이도 가 봤어?"

"아뇨. 술을 파니까 미성년자는 출입할 수 없어요."

"그렇구나. 성인이 되면 가겠네."

"그럼요. 대학에 들어가면 친구들하고 와서 밤새 놀아야죠."

"밤새?"

"금요일이나 토요일이면 클럽에서 새벽까지 노는 경우가 많다고 하더라고요."

"호오. 색다른 광경이네."

아저씨는 무척 궁금했는지 클럽 입구까지 바짝 다가가서 살핀다. 유럽에서는 이렇게 요란스러운 클럽이 길거리에 줄지어 있는 게 흔하지 않은가 보다. 마치 어린애가 신기한 장난감을 발견한 듯 호기심 가득한 얼굴이다. 어라? 그런데 갑자기 소란스러운 소리가 들린다.

"아저씨는 여기 못 들어와요!"

"아니, 들어가려는 건 아니고…."

"아, 글쎄 안 된다니까요."

클럽 입구를 지키던 사람이 아저씨를 제지하면서 생긴 소란이다. 아저씨가 클럽에 들어가려는 줄 알았나 보다. 갑자기 제지당한 아저씨는 당황하는 중이고. 줄을 서서 입장을 기다리던 사람들은 무슨 일인지 고개를 빼고 보다가 뚱뚱한 외국인 아저씨가 허둥대자 웃는 표정이다. 나는 후다닥 달려가서 아저씨를 데리고 나왔다. 일단 좀 창피한 느낌이 들어서 가급적 빠른 걸음으로 골목을 빠져나왔다.

"예슬아, 저 사람 왜 저래?"

"아저씨가 들어가려는 줄 알았나 봐요."

"그냥 구경만 하려는 건데. 그리고 설사 들어가려 했다고 쳐. 왜 못 들어가?"

"그 사람으로서는 물을 버린다고 생각하니까 그렇죠."

"물을 버려?"

"분위기를 망친다는 뜻이에요."

"내가 무슨 짓을 한다고 분위기를 망쳐?"

"특별히 무슨 짓을 해서가 아니고 나이가 많은 사람의 출입을 꺼리거든요."

"몇 살이 커트라인인데?"

"대략 40~50대면 안 된다고 봐야죠."

"헐. 별일이네! 이래저래 한국의 인디문화에 실망이 커지네."

"아저씨는 인디문화에 대해 어떤 기대를 가졌는데요?"

"주류 대중문화와는 뭔가 다를 줄 알았거든."

"직접 와서 보니 어때세요?"

"TV에서 흔히 볼 수 있는 사랑 타령에서 거의 한 치도 벗어나지 못하던걸? 좀 전에도 거리 공연을 유심히 봤는데, 포크나 소울, 혹은 록이나 힙합 모두 형식만 다를 뿐 거의 예외 없이 사랑과 이별에 대한 내용뿐이더군."

"원래 노래가 사랑을 표현하기 위해 만들어진 것 아닌가요?"

"왜 그렇게 생각해?"

"아저씨 말대로 대부분의 대중가요가 사랑을 주제로 하고 있잖아요. 사랑이야말로 모든 사람이 가장 원하는 감정이니까 어느 사회나 시대를 막론하고 사랑을 노래하는 거 아닌가요?"

"인간에게 노래라는 게 생긴 이래, 아니 더 거슬러 올라가서 말이나 몸을 통해 자신의 감정을 표현한 이래, 언제나 사랑은 예술의 주요 주제였지. 예슬이도 잘 알고 있을 그리스 로마 신화만 하더라도 다양한 사랑 이야기를 포함하고 있잖아. 라디오나 TV 등 대중매체의 발달과 더불어 20세기 중반부터 활성화된 현대 대중문화도 마찬가지였고. 하지만 사랑은 여러 주제 중의 하나였지 전부는 아니었어."

"이상하네요. 우리나라에서 유행하는 가요를 보면 장르를 불문하고 사랑을 노래하는걸요. 대부분 미국을 통해 들여왔을 텐데, 마찬가지 아니었나요?"

"한국에서 유행하는 대부분의 대중음악 장르는 미국 흑인 음악의 영향을 받아서 만들어졌어."

"아! 그런 말은 저도 들었어요. 한국의 가수들이 스스로 미국 흑인 음악에서 영향을 많이 받았다는 말을 자주 하거든요."

"사실이지. 한국에서 크게 유행하는 힙합이나 소울은 흑인 음악에서 직접 왔으니까. 하지만 내가 보기에는 희한하게도 본래의 정신과 내용은 사라지고 형식만 달랑 가져왔어."

"어떤 점에서요?"

"본래 흑인 음악의 내용적 특징이라 할 수 있는 저항 정신은 사라지고 리듬이라는 형식만 남았지."

"그래도 TV 중심의 주류 대중문화와는 상당히 다른 느낌 아니에요? 뭔가 저항의 느낌도 있고요."

"어떤 점에서 저항의 느낌이 있어?"

"여러 가지로요. 노래만 하더라도 TV나 라디오에서는 가사에 제한이 많거든요. 폭력적이거나 성적인 내용, 혹은 술에 관련된 내용은 방송이 제한되죠. 하지만 인디 음악에서는 마음껏 표현하는 편이고요. 심지어 힙합 음악에서는 가사에 욕설을 섞기도 하고요."

"욕을 하거나 자극적인 가사는 일탈의 일종일 수는 있어도 저항이라고 볼 수는 없지."

"좀 더 구체적으로 설명해 주세요."

"예를 들어 힙합(Hip-hop)은 흑인 거리문화 형식이라고 볼 수 있어. 인디문화라는 홍대의 거리문화처럼 말이야. 오랜 기간 미국 내에서 극심한 차별을 받았고, 그 결과 지금도 가난한 뒷골목 생활에서 벗어나지 못하는 흑인의 삶을 강한 비트와 거친 가사에 실었지. 미국 사회에 대한 흑인의 격한 불만과 분노를 담는 과정에서 강한 비트와 거친 가사를 사용했어. 하지만 한국으로 오면서는 힙합의 저항적 성격은 거의 사라지고 사랑 타령으로 돌변했지. 대신 사랑 이야기 중에서도 달콤한 사랑의 감정은 격한 비트에 어울리지 않으니까 주로 이별 내용을 담은 것 같아."

"한국 아이돌 그룹 중에서도 힙합 그룹이거나 아니면 댄스곡에 힙합적인 요소를 섞은 경우가 많은데, 아저씨 지적대로 주로 격한 이별 노래이긴 해요."

"소울(Soul)도 마찬가지야. 원래 소울은 미국 흑인이 사회의 비리나 흑인의 저항 정신, 종족적 자긍심 등을 담은 장르야. 대신 나중에 생긴 힙합과 달리 소울은 흐느끼는 듯하면서도 폭발적인 리듬과 음색으로 그들의 처절한 감정을 표현했어. 하지만 한국으로 넘어오면서 가사 내용은 사랑 이야기로 돌변했지. 힙합이 격한 이별이라면 소울은 가슴 시린 이별을 노래한 정도의 차이만 있을 뿐이지. 어디 힙합이나 소울만 그렇겠어? 한국 70~80년대 대중음악에 분수령 역할을 하고 지금까지 간간이 명맥이 유지되고 있는 포크 음악도 원래 미국에서는 1960년대 베트남 전쟁에 대한 항의와 평화 운동, 인종 차별 반대와 시민권 운동의 메시지를 담는 경우가 적지 않았어. 한국에 도입되었을 초기에는 그렇지 않았지만, 지금에 와서는 역시나 달콤한 연애 이야기 일색이야."

"한국에서만 나타나는 현상인가요?"

"뭐 꼭 한국에서만 나타나는 현상은 아니야. 현대 사회로 올수록 그런 경향이 어느 정도 있기는 해. 다만 한국이 다른 나라에 비해 훨씬 심하다는 점은 분명한 것 같아."

"왜 한국에만 오면 그런 현상이 벌어질까요?"

"상업 문화에 지나치게 길들여졌기 때문 아닐까? 어차피 자본의 영향력 아래 있는 대중매체야 상업문화를 원하고, 정부로서도 사람들이 사회적 관심보다는 사랑 이야기에만 빠져 있는 게 편할 테니 부추기는 면이 있을 거야. 문제는 사람들에게 저항문화를 형성할 수 있는 문제의식이 있어야 하는데, 한국 사회에서는 이게 희박한 게 아닌가 싶어."

"그러면 가요에 어떤 내용이 담겨 있어야 하는데요?"

"조금이나마 시대적인 고민은 담고 있어야지."

"문화가 꼭 그런 걸 담아야 해요? 사회적인 문제는 원래 정치가 담당하는 거잖아요? 대중문화는 말 그대로 일에 지친 사람들의 마음을 위로하거나 여흥을 즐기게 하는 정도면 충분하지 않나요."

"문화는 사회와 분리될 수 없거든. 문화가 사회의 성격이나 그 사람이 속해 있는 계급의 속성을 그대로 드러내 주는 것은 아니지만, 좀 아까 말했듯이 적어도 그 사회의 주류 대중문화에 지배 계급의 이해가 깊숙이 개입되어 있다는 점은 분명해. 문화가 지배 수단으로 사용되고 있는 한, 그에 대한 최소한의 경계와 비판적 접근은 필요하지."

"어휴. 대중문화를 접하면서도 그런 골치 아픈 생각을 해야 해요? 그것 말고도 스트레스 받는 일이 많은데요."

"대중문화와 관련해서는 아무 생각 안 했으면 좋겠어?"

"그렇잖아요. 답답하고 짜증 나는 일에서 벗어나고 싶어서 노래를 듣는 건데 다시 이것저것 복잡한 생각을 해야 되냐고요."

"안 그러면 자본이나 국가에 속으면서 살 텐데?"

"그런가요?"

"아무래도 사랑이나 스포츠는 사람들을 빠져들게 하니까. 자본이나 국가는 대중문화를 통해 사회나 정치 문제에 대한 대중의 무관심을 조장할 수 있는 방법을 귀신같이 찾아내거든. 평소에 비판적 문제의식을 갖고 있지 않으면 속으며 살 수밖에 없지."

"거 참! 뭐 하나 쉬운 게 없네요. 이럴 수도 없고 저럴 수도 없고."

"이래저래 내가 자꾸 예슬이를 고민하게 만드네. 허허."

이제 거리는 완전히 사람들의 숲으로 변했다. 서울 시내 10대와 20대가 다 홍대로 몰려나온 듯 걷기도 힘들 정도로 거리를 채우고 있다. 음식점에서 솔솔 풍기는 맛있는 냄새 때문에 또다시 배꼽시계가 신호를 보낸다.

"아저씨 배가 밥을 달라고 하네요. 이제 집으로 가요."

"그래. 내 배 속에서도 꼬르륵 소리가 나네."

TV 드라마를
보다

아저씨는 밤이면 우리 가족과 함께 거실에서 TV를 보면서 가벼운 이야기를 나누곤 했다. 아저씨가 워낙 커피를 좋아해 엄마는 항상 커피와 함께 즐길 수 있는 과일이나 과자 등 간식거리를 거실 탁자에 마련해 두었다. 엄마는 질리지도 않는지 틈만 나면 유럽 도시 이야기를 꺼낸다. 그럴 때마다 아저씨는 단 한 번도 귀찮은 내색 없이 친절하게 대답을 해 준다.

오늘도 저녁 식사를 한 후 가족 모두가 거실 TV 앞에 모였다. 역시 리모컨은 엄마 차지. 어쩔 수 없이 앞으로 엄마가 매주 시청하는 드라마를 한두 편 정도는 봐야겠구나 생각했다. 나도 중학교 초반까지는 드라마를 좋아하는 편이었는데, 첫 회를 보고 나면 대충 나머지 내용이 그려질 정도로 빤한 경우가 많아, 더 이상 보지 않는다. 소재와 등장하는 배우는 다를지라도 대충 몇 가지 이야기 중에 하나이곤 했다.

가난한 직장인 여성이 대기업을 물려받을 상속자와 우연한 기회에 만나 사랑이 싹트지만, 다른 여인 혹은 재벌가 시어머니의 표독스러운 반응에 눈물을 흘리는 과정이 이어지는 식이다. 재벌가가 등장하지 않는 경우라면 이야기는 대략 두 가지로 전개된다. 하나는 사랑하는 남녀 가운데 한 사람이 불치병에 걸려 죽거나, 복잡한 출생의 비밀이 서서히 밝혀지면서 시청자의 궁금증을 억지로 짜내는 방식이다.

아니나 다를까. 지금 보는 드라마에도 시댁 식구로부터 억울하게 구박당하는 여주인공이 등장한다. 시어머니의 앙칼진 목소리에 주눅 들어 하염없이 눈물만 흘리는 여성의 짠한 표정이 화면에 클로즈업되었다.

아저씨가 이해할 수 없다는 표정으로 엄마에게 묻는다.

"왜 드라마에 나오는 결혼한 여성들은 대부분 집에만 있나요?"

하여튼 이 아저씨는 신기한 면이 있다. 드라마 내용이 아니라 생뚱맞은 질문을 한다. 아저씨 머릿속에는 무엇이 들어 있는지 궁금하다. 이래저래 연구 대상이다.

"그게 이상해요?"

"지금까지 몇몇 종류의 드라마를 봤는데, 주인공으로 등장하는 젊은 여성은 보통 직장 생활을 해요. 하지만 주인공 주변 인물로 나오는 30~40대 이상 여성은 대체로 가정에 있는 모습만 나오네요."

"아무래도 가사나 육아에 치중해야 하는 경우가 많거든요. 저만 해도 그렇잖아요."

"한국에는 예슬이 엄마와 비슷한 상황의 여성이 많나요?"

"많은 정도가 아니죠. 대부분 아기를 낳고 나서는 집에 있죠."

"그러면 결혼하기 전에는 어땠나요?"

"사람마다 차이는 있지만, 결혼 전에는 대개 직장을 다니죠."

"결혼 후에도 계속 직장 생활을 하면 되잖아요."

"현실적으로 출산 후에는 직장 생활을 유지하기가 어려워요."

"그럼 예슬이 엄마도 그랬어요?"

"저도 대학 졸업 후에 취직해서 애 낳기 전까지는 예슬이 아빠처럼 대기업 회사원이었죠."

나도 그동안 궁금했던 내용이다. 엄마도 나름 이름 있는 대학을 졸업했는데, 집안일만 하는 게 좀 이상했거든. 하긴 내 친구 엄마들도 대체로 비슷한 경우이긴 하다. 엄마는 집에 있는 게 답답하지 않나 싶은 적도 있었다.

"예슬이 낳고 왜 회사를 그만뒀어요?

아저씨가 다시 묻는다.

"출산과 육아 때문이죠 뭐."

"초등학교부터 대학교까지 치면 근 15년 정도 공부를 하고 어렵게 들어간 회사가 아닌가요?"

"집에 아기가 생기면 회사를 계속 다닐 수가 없어요."

"아기를 육아 시설에 맡기면 되잖아요?"

"네 살 이하는 어린이집에서 좋아하지 않아요."

"왜요?"

"당연하죠. 한두 살 영유아는 선생님 한 명이 아이 한 명을 담당해야 하니까 훨씬 더 손이 많이 가죠. 서너 살만 되어도 아이들 10여 명을 모아서 담당할 수 있으니까, 인원 대비 더 많은 수익을 남길 수 있겠죠."

"아니 그럼 한두 살 아기는 엄마가 직접 키울 수밖에 없나요?"

"친정이나 시댁 부모님이 아이를 맡아서 키워 주지 않는 한 도리가 없죠. 잘 아시겠지만 아기들은 한시도 옆에서 떨어질 수가 없어요. 3~4년 정도는 꼼짝없이 옆에 붙어 있어야죠."

"그럼 휴직했다가 다시 복직하면 되지 않나요?"

"어떤 회사가 몇 년을 기다려 준대요? 몇 달 정도가 고작이죠. 현실적으로 퇴직하는 수밖에 없어요."

"그럼 몇 년 후에라도 다른 회사에 다시 취직을 하면 되잖아요."

"이미 몇 년의 공백기를 거쳤는데 어느 회사에 들어갈 수 있겠어요? 주부가 할 수 있는 것이라고는 대형 마트에서 계산을 하는 단순 업무거나 보험 영업밖에 없어요. 당연히 비정규직에다 월급은 쥐꼬리만 하고요."

"허. 그랬군요. 전혀 몰랐어요. 사실 이 집에 온 첫날부터 예슬이 엄마처럼 대학 교육까지 받은 분이 왜 집에 계시는지 의아했어요. TV 드라마를 봐도 대부분의 30~40대 여성이 집에서 살림만 하는 것도 이해가 안 갔고요."

"…"

"다시 직장에 나가거나 사회생활을 하고 싶은 마음이 있죠?"

"그럼요. 아이가 어려서는 이것저것 뒤치다꺼리하느라 정신이 없었지만, 학교에 들어간 뒤로는 답답한 마음이 생기거든요. 아이 아빠가 출근하고 예슬이도 학교에 가고 나면 집이 텅 빈 느낌이죠."

"당연히 그런 느낌이 들 것 같아요."

"어쩔 때는 내가 뭐 하나 싶기도 한걸요. 이러려고 공부했나 싶은 마음도 생기고요. 남편은 회사에서 늦게 오는 날이 많고, 예슬이도 중학교에 가면서는 학원에서 밤늦게 오니까 온통 혼자 지내야 할 때가 많아요. 그러다 보면 문득 뭔가 허전하고 허무한 생각이 들 때가 있어요. 많은 주부들이 우울증에 걸리는 게 전혀 이상할 게 없다는 생각이 들어요."

"정말 그렇겠네요. 하루의 대부분을 혼자 있는 시간이 많을 텐데, 전업 주부들은 그 시간에 무얼 하나요?"

"사람마다 다르죠. 동네 엄마들하고 어울려서 백화점이나 대형 마트에 거의 출근 도장 찍듯이 다니는 사람도 있고요."

"백화점에는 왜요? 매일 쇼핑할 게 있는 것도 아닌데."

"꼭 무언가를 사기 위해서라기보다는 그냥 백화점에서 시간을 보내요. 아이 쇼핑도 하고, 점심시간이 되면 몇 명이 함께 식당가로 올라가서 식사도 하고, 또 커피숍에서 수다를 떨기도 하고."

"예슬이 엄마도 그래요?"

"저도 종종 백화점이나 커피숍에서 친한 사람들과 만나지만, 상대적으로는 집에 있을 때가 많아요. 매일 모여서 수다 떠는 걸 별로 좋아하지 않고, 또 엄마들이 아이가 다니는 학교나 학원으로 몰려다니면서 치맛바람 일으키는 것도 싫고 해서 집에서 책을 보거나 음악을 들으면서 보내곤 하죠."

"유럽 여성들은 우리나라 여성들과 사정이 다른가요?"

이번에는 엄마가 아저씨에게 물었다.

"많이 다르죠. 육아와 가사에만 매달리는 여성이 있기는 하지만, 대체로 계속 직장에 다니거나 사회생활을 하는 경우가 많아요."

"계속이요?"

"남성과 마찬가지로 한 회사든 아니면 다른 회사로 옮기든 정년 퇴직할 때까지 자신의 일을 가지죠."

"유럽 여성도 아이를 낳잖아요."

"오히려 한국 여성보다 출산 경험이 더 많죠. 한국이야 출산율이 세계에서 가장 낮은 걸로 유명하니까요. 이탈리아나 스페인의 경우는 상당히 낮지만 대부분은 한국보다는 출산율이 훨씬 높거든요."

"그러면 유럽 여성도 당연히 육아 부담 때문에 직장생활을 유지하기 힘들 텐데요?"

"그렇지 않아요. 상대적으로 탁아 시설이 발전되어서 여성이 출산 후에 몇 달만 지나면 얼마든지 일을 계속할 수 있어요."

"한국이나 유럽이나 영유아 시설이 수지타산이 맞지 않기는 마찬가지일 텐데…."

"그래서 민간 시설이 아니라 공공탁아 시설이 중심이죠."

"공공탁아요?"

"정부에서 영유아를 위한 탁아 시설을 만들고 저렴한 비용으로 아침부터 저녁까지 아이를 맡길 수 있도록 하죠. 복지 정책의 일환으로 정부에서 공공탁아 시설과 인력을 꾸준히 확충해 왔어요. 여전히 부족한 면은 있지만 여성이 육아 때문에 일을 그만두어야 할 정도는 아니게 되었지요."

"여성으로서 참 부러운 일이네요."

"저는 한국 정도의 경제력이면 당연히 그 정도 복지는 되어 있는 줄 알았어요. 어찌 보면 보육은 복지 분야 중에서도 가장 기본적인 분야니까요. 한국의 복지가 취약한 건 알고 있었지만, 그래도 이 정도로 열악하리라고는 생각 못했어요."

"육아는 복지와는 좀 다른 차원으로 생각할 부분이 있을 것 같은데요."

"어떤 부분이요?"

"여성으로서 자신의 삶이나 전망만 생각한다면야 아기를 탁아 시설에 맡기고 일을 계속할 수 있는 조건이 필요하지만, 아이를 생각하면 좀 다르니까요."

"아이가 왜요?"

"영유아 시기는 물론이고 적어도 아이가 초등학교에 다닐 때까지는 엄마가 아이를 키우는 게 바람직하잖아요."

"어떤 점에서요?"

"엄마가 항상 옆에 있어야 정서적으로 안정된 사람으로 성장할 수 있고, 또 가정 교육에도 충실할 수 있고…."

"그건 편견이 아닐까 싶은데요. 만약 그 논리대로라면 서너 살이 돼도 어린이집에 보내면 안 되죠."

"적어도 태어나서 두세 살까지는 그렇지 않나요? 아이가 결핍감을 느낄 수도 있고요."

"결핍감이요? 그러면 탁아 시설에서 영유아기를 보내는 유럽 아이들은 대부분 정서적으로 불안하게요? 현실은 전혀 그렇지 않답니다. 특별히 유럽 사람이 한국 사람에 비해 정서적 불안감을 가지고 살아간다고 할 수 있는 현상은 없으니까요. 또한 탁아 시설에 보낸다고 해서 아이와 계속 떨어져 있는 것도 아니고요. 아침이나 저녁에 긴밀한 관계를 맺을 시간은 얼마든지 있잖아요."

"그래도 왠지…."

"오히려 아이가 지나치게 부모에게만 밀착된 생활을 하기 때문에 나이가 들어서도 독립성을 갖지 못하게 되는 거 아닐까요? 한국에서 마마보이니 마마걸이니 하는 현상이 상당히 폭넓게 나타나는 것도 이와 연관이 있을 듯하고요."

"글쎄요. 아이에게 어느 게 더 좋은 건지 한 가지로 정해서 말하기는 어렵지 않을까 싶네요."

"하지만 분명한 건 여성에게 아이가 삶의 전부일 수는 없다는 것이지요. 만약 아이가 전부라면 아이가 사춘기가 되거나 혹은 성인이 되어 부모의 품을 떠나고 나면 여성에게 뭐가 남겠어요. 누군가의 뒷바라지만 하다가 세월을 보내야 하잖아요. 그리고 그 부담을 부모로서 남성과 여성이 동등하게 나누는 게 아니라 사실상 여성에게 다 떠넘기는 현실도 부당하고요."

"에휴. 이래저래 답답하네요."

잠시 대화가 끊어졌다. 나라면 어땠을까? 내가 엄마처럼 멀쩡하게 대학 나오고 사회생활을 하다가 집에서 남편이나 아이 뒷바라지만 하고 살아야 한다면 어떤 기분일까? 길게 생각하지 않아도 금방 답은 나온다. 몇 개월이면 몰라도 계속 그렇게 살아야 한다면 끔찍할 듯하다. 계속은커녕 단 몇 년이라도 견디지 못할 것 같다. 왜 그동안 나는 엄마의 하루가 어떨지에 대해 내가 아닌 엄마의 입장에서 한 번도 생각해 본 적이 없었을까?

우리나라에 아저씨가 말한 공공탁아만 제대로 갖춰져 있어도 훨씬 나을 텐데. 나만 해도 나중에 결혼하고 아이를 낳더라도 육아와 가사에만 묶여 있기는 싫거든. 만약 엄마와 같은 생활이 내게 반복된다면 지금 공부하는 게 어떤 의미가 있을까 싶기도 하고. 내가 어른이 돼서도 변화가 없다면 아이를 낳고 싶은 생각이 사라질 것 같다.

"아저씨 우리나라에서는 공공탁아를 할 수 없는 조건이에요?"

"왜? 예슬이도 걱정이 돼?"

"당연히 걱정돼죠. 저도 10년 후쯤엔 겪을 일인데요."

"한국은 이미 조건의 문제는 아니지. 가난한 나라가 아니잖아. 무역 규모로 세계 10위권이면 충분히 할 만한 조건을 갖추고 있는 셈이야. 유럽에서 한국보다 경제가 덜 발달한 나라에서도 정도의 차이만 있을 뿐 이미 실시되는 정책이거든. 결국 관심의 문제지."

"우리나라에서는 왜 공공탁아 시설에 별로 관심을 갖지 않는 거예요?"

"기다린다고 해서 저절로 이루어지는 일은 아니야. 자본주의 사회에서 어느 나라 정부든 자발적으로 그러한 정책을 펴지는 않거든."

"정부가 스스로 하는 게 아니라면 어떻게 정착됐는데요?"

"노동자를 비롯한 민중이 싸워서 획득했지."

"탁아조차도 노동자 문제예요?"

"당연하지. 자본가를 비롯해서 부유한 계층에서는 탁아가 문제될 게 뭐가 있겠어? 돈이 넘쳐나는 사람인데, 별도로 보모를 고용하는 일이 뭐 대수겠어? 임금에 의존해서 살아야 하는 사람에게나 탁아와 육아가 현실적인 경제적 문제가 되는 거지."

"왜 꼭 싸워야 해요? 그렇게 필요한 거면 정부가 해 주면 되잖아요."

"자본가나 이들의 이익을 대변하는 정부로서는 복지를 확대하고자 하는 마음이 없어. 어느 나라에서나 복지는 노동자를 비롯한 서민층의 요구와 투쟁으로 이루어졌잖아."

"그렇기는 하네요."

"뿐만 아니라 여전히 자본주의 사회의 가족이 가부장제에 기초

TV 드라마를 보다

6

한 이상, 스스로 공공탁아를 확대하려는 마음은 없다고 봐야지."

"가부장제라뇨?"

"남성이 가정의 주인이고, 여성과 자녀는 그에 속한 것으로 보는 가족 제도이자 문화를 말해. 부를 독점한 남성에게 여성과 자식이 종속된 방식이지. 이를 위해 남성이 밖의 일을, 여성이 집에서 육아와 가사를 전담하도록 하는 분업이 강제되었어."

"어휴. 아저씨 잘 나가다 또 어려운 이야기로 빠지신다. 하여튼 고질병이시라니까."

"예슬아! 또, 또, 그 말버릇!"

"괜찮아요. 예슬이 말이 틀린 게 아니에요. 자꾸 진지하게 생각하는 게 제 고질병인 건 사실이니까요. 허허."

엄마의 간섭도 고질병이긴 마찬가지다. 하여튼 꽉 막혀 있다니까.

"그런데 남녀의 분업이 강제됐다고 말할 수 있나요?"

조금은 못마땅한 표정으로 우리의 대화를 듣던 아빠가 헛기침을 하더니 끼어든다. 생각해 보니 오늘 드라마 보면서 대화하는 동안 아빠가 한 마디도 안했던 것 같다. 하긴 엄마가 10여 년 넘도록 육아 때문에 집에만 있었다고 말하는데, 머쓱할 만도 하다.

"강제가 아니면요?"

"역사를 보더라도 원래부터 남성은 바깥에서 일하고 여성은 가사나 육아를 담당해 왔던 것 아닌가요?"

"왜 그렇게 생각해요?"

"남성이 여성보다 힘이 더 세잖아요. 그래서 인류 초기부터 남성은 밖에 나가 사냥을 하고 여성은 집 주변에서 과일을 따거나 살림을 도맡아서 한 걸로 아는데요."

"물론 아득한 옛날 원시공동체 사회에서 남성이 수렵(狩獵)을, 여성이 채집(採集)를 담당했던 것은 맞아요. 하지만 채집을 여성의 연약함의 상징으로 이해하는 건 곤란해요."

"현실적으로 남성이 여성보다 더 강한 뼈와 근육을 가지고 있는 건 부정할 수 없는 사실 아닌가요?"

"그렇기야 하죠. 하지만 남녀의 상대적 차이일 수는 있어도 여성의 연약함, 그것도 아이를 키우거나 집안 살림만 맡아서 해야 할 정도의 연약함을 의미하지는 않아요. 당시의 과일 채집은 지금처럼 과수원에서 과일을 따는 것과는 근본적으로 다른 개념이었을 겁니다. 숲은 온갖 맹수들이 득시글거리는 매우 위험한 장소였으니까요. 또한 과수원의 나무처럼 인간에 의해 낮게 길러진 나무도 아니어서 높은 나무를 오르는 일도 많았을 테고요. 이러한 위험을 뚫고 일을 하려면 당연히 강인하고 단호해야 했지요."

"어쨌든 남성 노동이 전체 사회 구성원의 생존에 핵심 역할을 했고, 여성의 일은 지금처럼 가족 내에서 제한적 성격을 지녔잖아요. 결국 원래부터 여성들이 남성의 일을 집에서 보완하는 정도의 부차적인 역할을 해 왔죠."

"웬걸요! 어떤 면에서는 남성보다 더 큰 사회적 성격을 지닌 노동이었죠. 부족 전체의 생존을 위한 노동에서 여성이 차지하는 역할이 남성보다 결코 적지 않았다고 봐야 해요."

"상식적으로 이해할 수 없는 얘기 아닌가요? 어떻게 남성보다 힘이 약한 여성이 남성과 비슷한 역할을 했죠?"

"당시 상황을 구체적으로 한번 생각해 봐요. 남성이 수렵, 여성이 채집을 맡았다고 할 때 과연 누구의 노동이 일상적인 가족과 부족의 생계에서 더 많은 비중을 차지했을까요? 구석기 시대에 돌을 이용한 사냥의 성공 확률이 과연 높았을까요?"

"글쎄요…."

"구석기라고 하면 말은 그럴 듯하지만 결국 돌도끼를 사용하거나 돌로 사냥하던 때를 말하잖아요. 돌이라는 보잘 것 없는 무기에 비해, 당시 들판이나 밀림에는 인간의 생명을 위협하는 맹수가 많았겠죠. 항상 위험이 뒤따르는 상황에서 할 수 있는 일은 제한적이었을 거예요. 또 아무리 초식 동물이라 하더라도 빠른 발을 지녔으니까 사냥에 실패하고 허탕을 치는 날도 많았겠죠."

"아무래도 돌로 사냥을 하던 때니까 성공 확률이 그리 높진 않았겠지요."

"당연히 구석기에는 사냥보다는 상대적으로 안정적인 채집에 의존하여 생계를 해결하는 경우가 더 많았다고 봐야 해요. 그만큼 여성의 노동은 단순히 한 가정 내의 부차적인 성격에 머물지 않고, 사회적 노동으로서 상당한 비중을 차지했다고 보는 게 더 맞을 겁니다."

"아무리 그래도 원래부터 사회적으로 남녀가 동등했다고 보기에는 무리가 있지 않나요?"

"구석기 시대 인류가 모계 사회였다는 건 이제 상식이 되었어요. 수렵과 채집을 했던 원시 사회에서 인류는 공동 생산과 공동 분배가 생활화되어 있었어요. 가족 구성원 내부의 관계도 평등했죠. 당연히 남성과 여성 사이에 위계적 질서는 존재하지 않았고요."

"아니, 그럼 남자들이 강제로 여성을 끌어내리기라도 했나요?"

"신석기와 청동기 시대에 이르러 농경과 목축이 활성화되고 가족 내부에 분업이 나타나면서 새로운 국면이 시작됐죠. 남성이 주요한 사회적 생산을 담당하고, 여성의 역할이 가정 내에서의 노동으로 국한되면서 불평등한 관계가 시작됩니다. 부인과 아이는 가부장제 아래에서 사실상 소유물로 전락하고, 주인에게 복종하는 노예의 도덕이 강요되기 시작했죠."

"노예라뇨! 너무 과장이 심한 것 같은데요?"

"아뇨, 과장이 아니에요. 가부장제 가족을 의미하는 패밀리(family)라는 말조차도 로마에서 통용되던 가족(familia)이란 말에 어원을 두고 있어요. 로마인들에게 이 말은 부부와 그들의 아이들을 가리키는 말이 아니었고, 오로지 노예만을 가리키는 것이었거든요. 가족이라는 말은 한 남자가 갖고 있는 전체 노예를 의미했어요. 이와 같이 처음에 가족은 주인과 노예의 관계처럼 사실상 가부장 남성의 여성에 대한 전적인 지배 관계에 불과했지요."

"강제로 지배하는데 상식적으로 여성이 가만히 있었겠어요? 특히 그 이전에 인류가 모계 사회에 있었다면 더더욱 여성이 이를 받아들일 리 없잖아요."

"그래서 처음에는 폭력적인 조치들이 나타났죠. 내체토 부계세 사회로 강제 편입되면서 여성은 집에 갇히는 신세가 됩니다. 농경과 목축으로 사적 재산이 형성되면서 상속 문제가 생겨났죠. 여성은 상속의 순수 핏줄을 확인하기 위한 차원에서 한 남성에 속한 존재로 여겨졌고, 바깥 출입을 극도로 제한당했죠. 고대 그리스에서는 집 뒤편의 헛간 같은 곳에서 지냈고, 중동 지역의 여성은 얼굴부터 발끝까지 온몸을 감싸는 차도르를 둘러야 했구요. 중국에서 태어난 여성은 전족을 강요받았고요."

"전족을 강요하거나 차도르를 씌우는 일은 일부 지역에서 나타나는 현상에 불과하죠. 또한 옛날 이야기이기도 하고요. 이제 우리나라는 물론이고 대부분의 나라에서는 찾아볼 수 없는 현상이지요. 부분적인 현상을 근거로 전체 남녀 관계를 일반화하는 건 곤란하지 않을까요?"

"아랍 사회처럼 현재까지 여성을 집에 사실상 감금하는 경우는 드물죠. 중국의 전족도 이제는 사라졌고요. 하지만 대부분의 사회가 폭력적인 강제 대신에 도덕이나 사회적 조건을 통해 여성을 집에서 벗어나지 못하게 하거나 소극적 역할에 머무르도록 한다는 점에서 본질적으로는 여전히 남녀가 불평등한 차별 관계라는 점은 변함없어요."

"도덕이라뇨?"

"남성들은 더 좋은 방법을 찾아냈거든요. 직접적인 감금은 여러 가지 반발이나 마찰이 생기게 마련이니까요. 여성 스스로 집에 머무르도록 도덕률을 내면화하면 굳이 폭력을 동원하지 않아도 되거든요. '출가외인'이나 '여자 셋이 모이면 접시가 깨진다'는 등의 황당한 말과 여성을 옭아매는 온갖 도덕률의 이름으로 족쇄를 채우고, 여성을 사회적·육체적 활동에서 배제하기 시작했죠."

"에이. 그런 도덕률이야 옛날 전통 사회에서나 사용된 거 아닌가요? 요즘 세상에 누가 출가외인이니 하는 말을 하겠어요."

"물론 시대가 변하면서 도덕률에도 일정한 변화가 있었겠지요. 여러 변화가 있었겠지만 기본적으로 현대 사회에도 여성을 집에 머물게 하거나 소극적이게 하는 본질은 여전하지요."

"어떻게 변화했는데요? 요즘 여성을 집에서 안 나가게 하는 도덕이 뭐가 있죠?"

"요즘에도 여성의 외출에 대해서는 상당히 경계하는 편 아닌가요? 남성은 밤 늦게, 심지어 새벽까지 밖에 있어도 크게 문제가 안 되지만 여성에게는 금기처럼 되어 있죠. 아기를 어린이집 종일반에 맡기고 직장에 나가도 무슨 엄마가 저러냐고 곱지 않은 시선을 보내기 일쑤고요. 이러한 왜곡된 사회적 통념이 공공탁아가 사실상 미미한 사회적 조건과 결합되면 효과가 극대화되죠."

"그러면 여성을 소극적이게 한다는 건요?"

"소극적이게 하는 거야 수도 없이 많죠. 각 지역의 신화만 하더라도 여성을 부정적이거나 소극적으로 다루는 내용이 대부분이에요. 모두 가부장제 사회에서 만들어진 신화이고요."

"어떤 신화가 그래요?"

"그리스 로마 신화에서 제우스나 아폴론 등 남성 신은 생산적이고 적극적인 역할을 담당하지만, 헤라나 아프로디테 같은 여성 신은 남자를 상대로 질투하거나 소소한 일에만 신경 쓰는 역할로 나와요. 심지어 최초의 인간인 판도라는 금지된 상자를 열어서 인류에게 온갖 악을 뿌린 원흉으로 등장하죠. 서양 문화에 절대적 영향을 끼친 기독교만 하더라도 이브가 인류를 죄악에 빠지게 한 장본인으로 나오고요. 《성경》 전체를 통틀어 성모 마리아를 제외하고는 의미 있는 역할로 나오는 여성을 찾아보기 어려워요. 상형문자라 글자 자체에서 사람들의 사고방식을 엿볼 수 있는 중국의 한자의 경우, 계집녀(女) 변이 들어간 글자는 상당 부분 부정적인 뜻을 가지고 있죠."

"영향이야 있겠지만 어쨌든 신화는 신화일 뿐이죠."

"여성 스스로 소극적, 부정적이게 여기도록 만드는 장치는 현실에서도 일상적으로 나타나죠. 하다못해 자신의 몸에 대해서조차 여성은 소극적인 태도를 갖도록 길들여져요."

"무슨 말인지…."

"여성이 자신의 몸을 드러내는 것에 대해 부끄러워하도록 사회가 강제하잖아요. 예를 들어, 축구 선수들이 골을 넣고 세리머니할 때 남성들은 아무 거리낌 없이 웃통을 벗잖아요. 하지만 여성 운동선수가 경기장에서 웃통을 벗었다고 생각해 봐요. 아마 곧바로 경범죄로 처벌을 받을걸요. 같은 사람인데 남성에게는 허용되는 행위가 여성에게는 허용되지 않거나 지탄의 대상이 되는 경우가 많아요. 이러한 사회 분위기 속에서 여성은 어려서부터 자기 몸에 대해서조차 소극적인 태도를 갖게 돼요. 몸에 대한 소극성이 마음이나 정신의 소극성을 만들어 내고요."

"여성이 가슴을 가리거나 몸을 드러내지 않는 건 원래 신체적, 유전적으로 나타나는 자연스러운 현상이 아닐까요?"

"간혹 TV에서 아프리카나 남아메리카 원주민의 삶을 다룬 다큐멘터리 영상을 볼 기회가 있을 텐데요. 특히 현대 문명과의 접촉이 거의 없었던 원시 부족의 생활을 보면 여성도 남성과 마찬가지로 자신의 몸을 거의 가리지 않고 그대로 드러내죠. 자기 부족 내부에서만이 아니라, 어떤 부끄러움도 없이 외부인과 만나기도 하고요."

"생각해 보니 우리나라에서도 〈아마존의 눈물〉처럼 남아메리카 원주민을 다룬 프로그램이 있었는데, 거기 나온 여성들도 거리낌 없이 알몸으로 생활했던 것 같네요."

"어느 문명이든 가부장제가 자리 잡은 사회에서 남성의 복장은 간편하고 활동적인 데 비해, 여성의 복장은 복잡한 속옷을 겹겹이 입거나 불편한 게 우연일 리는 없죠. 다분히 남성에 의해 소극적인 상태에 머무르도록 강제됐다고 봐야 합니다. 이러한 여러 장치를 통해 남성이 주인이고, 여성과 자식은 그 아래 예속되도록 만들었고요."

"현대 사회에 와서는 상당 부분 바뀌지 않았나요?"

"20세기 중반 이후에 여성 운동이 활성화되면서 적지 않은 변화가 나타난 것은 사실이죠. 여전히 불평등한 관계가 남아 있지만 적어도 북유럽이나 서유럽에서는 노골적인 차별은 완화되었지요. 하지만 한국의 경우 여전히 사회적으로 여성이 불평등한 대우를 받는다는 느낌이 들어요. 제가 여러 가정을 직접 살펴본 건 아니지만 드라마에 나타난 한국 가정의 모습을 보면 심하다 싶을 정도로 과거에 머물러 있거든요."

"기혼 여성이 주로 집안일을 도맡아 하는 설정 말고 다른 게 또 있나요?"

"드라마 대사만 하더라도 남성의 가부장 의식을 노골적으로 드러내는 경우가 적지 않은 듯해요."

"어떤 면에서요?"

"예를 들어 '가장(家長)'이라는 단어가 심심치 않게 들리더라고요. 남편이 스스로 자신을 가장이라고 하거나 심지어 부인이 남편을 그렇게 일컫기도 해요. 혹은 부인이나 자녀를 거리낌 없이 '식솔(食率)'이라고 표현하기도 하고요. 가장이면 집의 대장이나 주인으로서 가족을 통솔하고 대표하는 사람이라는 뜻인데, 그러면 아내나 자녀는 뭐죠? 한 집안에서 가장에 딸린 구성원을 의미하는 식솔이라는 표현도 마찬가지고요. 적어도 남편이 중심이고 나머지 가족 구성원은 부차적인 지위로 전락해 버려요."

"습관적으로 그런 말을 종종 사용하곤 하죠."

그저 사랑 이야기로만 여겼던 드라마를 보면서 '저런 생각을 할 수도 있구나.'라는 생각이 든다. 말 그대로 무심코 흘려버릴 수도 있는 내용인데 말이다. 그러저러한 내용을 머리 안에 다 담고 있으려면 항상 머릿속이 복잡하지 않을까 싶은데 겉으로는 그저 사람 좋은 아저씨처럼 보이는 게 신기하기도 하다.

아저씨와 아빠의 꽤 긴 대화를 듣다가 여전히 궁금한 게 생각나 다시 물었다.

"아저씨, 여성이 가사와 육아를 전담하면 꼭 여성이 불리한 위치에 있게 되나요?"

"결혼과 함께 한 남자의 아내, 엄마의 자격으로 한정된 틀 안에 갇히지. 남편이나 아이들에 대한 봉사를 가장 신성한 의무로 여겨야 하고. 어느덧 자기 이름은 사라지고 누구 아내라든가 누구 엄마로 불리잖아. 여성이 강제된 상식의 틀에서 벗어나고자 할 때 여러 장애물에 부딪혀. 혼자 사는 여성에 대한 사회적 편견은 물론이고, 이미 10여 년이 넘게 육아와 가사에 전념했기에 직장에서 요구하는 전문적 능력을 상실한 지 오래여서 경제적 독립이 불투명하기도 하지."

"가정이 경제적 관계를 중심으로 만들어지는 건 아니잖아요. 사랑이라는 감정을 중심으로 형성된 공동체 아닌가요?"

"물론 사랑이라는 감정을 무시할 수는 없겠지. 하지만 그 저변에 흐르는 경제적, 사회적 이해관계와 분리될 수 없어. 여성이 가정 내에서 경제적 능력을 상실하고, 마트에서 시간제로 아르바이트를 하는 등 저임금 노동을 하는 것 말고 뚜렷하게 무언가를 할 수 있는 조건이 아닐 때, 남성에 비해 위축된 처지에 놓이게 되지."

"여성의 경제적 자립이 그 정도로 중요해요?"

"경제적 자립 가능성이 없으면 이래저래 남편을 중심으로 한 일방적이고 수직적인 가족 관계를 감내하는 경우가 많지 않겠어? 결국 경제적 예속이 현실의 인격적 예속으로 이어지는 경우가 비일비재해. 결혼의 파행적 양상과 가족 내의 여성 차별이 상당 부분 경제적 문제에 기인한다고 봐야지."

"그러면 저도 나중에 결혼하면 일을 계속 해야겠어요. 아저씨 말이 아니라도 원래 그럴 생각이긴 했지만."

"내 생각에는 그래. 좀 전에도 말했지만 경제적 예속은 필연적으로 인격적 예속을 초래하거든."

"여성이 직업을 갖고 경제적 독립 능력을 갖추면 남녀가 평등해질 수 있어요?"

"물론 여성이 개인적으로 직장을 다닌다고 해서 사회적인 여성 불평등이 모두 해결되는 것은 아니지. 이미 남성 중심으로 부의 편재가 고착되어 있는 사회적 조건 자체를 변화시켜야 근본적으로 해결이 가능해. 또한 여성의 몫으로 강제된 자녀 육아를 사회적 차원에서 해결할 수 있는 사회 시스템의 변화가 있어야지."

TV 드라마를 보다가 시작된 오늘의 대화는 이쯤에서 마무리됐다. 아빠는 아빠대로 아침 일찍 출근해야 하고, 아저씨도 또 내일 일정이 있으니까. 나도 방으로 들어와서 책상에 앉았지만 좀처럼 참고서가 손에 잡히지 않는다. 아저씨랑 나눈 대화가 신기하기도 하고, 한편으로는 적지 않은 자극을 주는 면도 있어서다.

예전에는 가장 큰 관심을 갖고 있는 역사 분야를 그저 과거의 주요 사건을 기록한 문서 정도로 생각했다. 삼국 시대나 조선 시대처럼 과거 사회를 떠올릴 때도 유명한 왕이나 장군의 업적을 중심으로 생각하곤 했다. 그러다 보니 그 시대의 대다수 사람이 어떤 생활을 했고, 무엇 때문에 고통을 당하고 있었는지는 관심 밖이었다. 특히 마르크스 아저씨가 강조하는 경제적 배경은 역사와 구별되는 별개의 문제로만 여겼다.

구석기나 신석기 등 원시 사회에 대해 배우면서도 당시 인류가 사용하는 도구의 형식을 중심으로 접근했지, 아까 아저씨랑 나누던 대화처럼 원시인들의 실제 생활이나 가족 관계에 대해서는 생각해 본 적이 없었다. 가족 내 남성과 여성의 권력 관계를 비롯해 소소한 생활에 관한 내용 역시 사소한 것일 뿐 역사적 지식일 수 없다는 편견도 있었던 것 같다.

하지만 오늘 얘기를 나누면서, 내가 상식처럼 머리 속에 그리던 역사라는 분야가 생각보다 훨씬 더 우리 삶에 연관되어 있고, 또 생

생한 이야기로 가득한 곳이라는 느낌이 든다. 역사 공부에 대한 흥미
와 욕구가 내 안에서 새록새록 더 솟아오른다.

7

나의
진로 문제를
고민하다

오늘 아침, 오랜만에 기분을 잡쳤다. 마르크스 아저씨가 우리 집에 머물면서는 진로 문제를 놓고 아빠랑 부딪힐 일이 없어 좋았는데, 오늘은 이상하게 이야기가 꼬이면서 그놈의 경영대 문제가 또 불거져 나온 것이다. 처음에는 기분 좋은 이야기에서 시작됐다. 아저씨가 아침 식사를 하다가 나를 칭찬하는 말을 꺼냈다.

"두 분은 예슬이 같은 딸이 있어서 좋으시겠어요."

"그래요? 요즘 저희한테 틱틱 거리면서 말하는 경우가 많아 걱정인걸요."

엄마가 아저씨의 말을 받았다.

"귀엽기만 한데요, 뭐. 허허."

"초등학생 때까지만 해도 부모 말이라면 항상 잘 받아들이고, 애교도 많았는데 갈수록 좀 삐딱해요."

"엄마는 내가 뭘 삐딱하다 그래. 다만 내 주관이 생겼을 뿐이지."

"서울 이곳저곳을 다니면서 예슬이랑 이야기를 꽤 나누었는데, 나름대로 자기 생각도 있고 앞으로의 삶에 대해서도 진지한 편이던데요. 붙임성도 좋고요."

아저씨가 날 가볍게 두둔하는 말을 했고, 그냥 그렇게 끝날 대화였다. 그런데 아빠가 엄마를 거들고 나섰다.

"자기 소신이야 있어야지요. 그런데 요즘에는 고집으로까지 가는 거 같아서 좀 속상할 때가 있어요."

"고집이요?"

"아직은 어리고, 스스로 모든 걸 판단하기 어려우니까 세상을 살아본 아빠나 엄마의 말에 좀 더 귀를 기울였으면 하는데, 통 들으려고 하질 않으니."

"아빠! 또 경영대 얘기 하려고?"

"이것 보세요. 금방 또 반발하는걸요."

"아빠! 이건 그냥 단순한 반발이 아니라구요! 아빠나 엄마야말로 제 진로 문제인데, 무엇보다도 제 얘기에 귀 기울여주셔야 하는 거 아닌가요?"

"허, 참⋯."

"예슬아! 손님도 계신데, 그렇게 말하는 거 아니야!"

아니나 다를까, 엄마가 곧바로 나를 제지하고 나섰다.

"⋯."

"아이고. 공연히 제가 말을 잘못 꺼냈네요. 이 이야기는 여기까지만 해요."

예상치 않은 방향으로 흐르는 대화에 아저씨가 당황한 눈치였다.

다른 때 같았으면 중간에 숟가락을 내려놓고 내 방으로 들어가거나 가방을 메고 밖으로 나갔을 텐데, 그러면 아저씨도 난감해질 테고 해서 속상한 걸 꾹 누르고 남은 밥을 다 먹었다. 아빠나 엄마도 손님 앞이어서인지 더 이어 가지는 않았다. 공연히 나 때문에 어색한 분위기가 된 것 같아서 아무렇지도 않은 듯 표정 관리를 하며 식사를 마치고 내 방으로 들어갔다.

하지만 아빠가 퇴근하고 엄마가 집 안 정리를 하는 동안에도 분한 감정이 가시지 않았다. 아무것도 하기 싫어 책상에 머리를 묻고 엎드려 있었다. 얼마나 시간이 지났을까. 똑똑 노크하는 소리가 들린다. 무슨 일인가 싶어 문을 열었더니 아저씨다.

"예슬아, 잠시 동네 공원으로 산책 가려고 하는데 같이 가지 않을래?"

바람이라도 쐬고 오면 기분이 좀 나아지겠다 싶어 따라나섰다. 아파트 단지를 빠져나와 횡단보도를 몇 개 건너자 금방 공원 입구다.

"나 때문에 괜히 기분 상했지? 미안."

"아니에요."

"내가 눈치가 없고, 좀 무뎌서 그렇단다."

"그냥 넘어가도 됐는데, 제가 좀 쓸데없이 감정이 격해져서 그래요. 오히려 제가 아저씨를 곤란하게 한 것 같아서 죄송한걸요, 뭐."

"하하. 사춘기 때는 누구나 그래."

"아저씨도 그랬어요?"

"나라고 청소년 시절이 없었겠니?"

"왠지 아저씨는 공부만 했을 거 같아서…"

"그럴 리가 있나. 세상 어디에서나 청소년기에는 흔히 질풍노도의 시기라고 하는 사춘기를 겪지."

"정말 아저씨도 제 나이 때 감정이 격해지거나 혼란스러운 경험을 했어요?"

"정도의 차이야 있지만 그런 때가 있었지."

"상상이 잘 안 되는 걸요."

"예슬이처럼 대학 진학 문제를 놓고 아버지랑 대립도 했는걸!"

"정말요? 아저씨 아빠는 어떤 전공을 원했는데요?"

"법학부에 진학해서 변호사가 되라고 했지."

"왜요?"

"그래야 안정된 생활을 할 수 있다고 여겼으니까."

"우리 아빠랑 똑같네요. 어쩜 그렇게 아빠들은 하나같이 생각이 고루할까요?"

"아무래도 경제적인 동기가 인간의 사고와 행위에 미치는 영향이 크지. 특히 대부분의 부모들이 아들에게 더 큰 압박을 가해."

"그럼 아저씨는 뭘 하고 싶었어요?"

"처음에는 시인이 되고 싶었지."

"어머! 시인이요?"

"왜? 너무 안 어울려?"

"그런 건 아니고, 좀 의외라서요."

"당시 애인에게 자작시로 시 노트를 만들어 주기도 했던걸 알면 더 놀라겠네?"

"와! 정말 놀라서 기절하겠는데요. 아저씨한테 그런 로맨틱한 면까지 있었다고요?"

"그동안 내가 그렇게 딱딱해 보였나?"

"그동안 아저씨의 논리적이고 분석적인 면만 본 것 같아서요."

"하긴 그렇게 생각할 수도 있겠네. 허허."

"대학은 당연히 문학과로 갔겠네요."

"웬걸? 살짝 타협했지."

"타협이요?"

"대학은 법학부로 갔어."

"그럼, 원래 꿈을 꺾은 거예요?"

"아니, 역시나 법학은 내 적성과 전혀 맞지 않더라고. 한동안 취향에 따라 문학에 심취했지."

"부모님과는 계속 충돌이 있었겠네요."

"아무래도!"

"그럴 때 아저씨는 스트레스를 어떻게 풀었어요? 아이돌 그룹이 있던 때도 아닐 텐데 말이에요."

"노래나 춤은 아니었지. 당시에는 요즘처럼 대중문화가 발달하지 않았으니 말이야. 내가 좋아하는 문학과 음악으로 대신했어."

"어떤 작가를 좋아했어요?"

"괴테나 셰익스피어, 뒤마의 작품을 즐겨 읽었지. 특히 셰익스피어는 얼마나 대단했다고! 20세기 대중음악으로 치면 엘비스 프레슬리, 비틀즈, 마이클 잭슨 이상으로 젊은 사람들의 마음을 휘어잡았으니까."

"음악은요?"

"음악으로는 단연 베토벤을 좋아했고."

"베토벤이라면 저도 알아요. 왜 베토벤을 좋아했는데요?"

"앞에서 말한 문학가도 그렇지만 베토벤은 기존의 고루한 관습과 형식에서 벗어나서 혁신적인 음악을 했거든. 베토벤은 그 전까지의 음악 사조나 양식을 답습하는 것이 아니라 버릴 부분은 과감히 잘라내고 전혀 새로운 음악을 시도했지."

"저는 클래식 음악은 잘 몰라요."

"그럼 베토벤 음악은 뭘 들어 봤는데?"

"몇 가지 듣기야 했지만 잘 기억은 안 나고, 아무래도 운명 교향곡이 제일 익숙하죠. 처음에 시작할 때 '빠바바밤' 하면서 시작하는 대목을 모르는 사람은 거의 없을 테니까요. 하지만 뭐가 혁신인지는 잘 모르겠어요."

"대부분의 고전주의 음악가가 형식적이고 규칙적인 숫자와 운율에 매달릴 때, 베토벤은 인간의 격정적이고 불규칙한 감정을 표현하며 낭만주의 시대를 열었지. 제자가 운명 교향곡의 의미를 묻자 베토벤은 '운명은 이와 같이 문을 두들긴다.'라고 대답했대. 예슬이가 말한 그 대목이 바로 운명이 문을 두드리는 소리인 거지. 베토벤은 청력을 잃어버린 고뇌와 열정을 음악에 고스란히 담아냈어."

"저나 제 또래 친구들이 아이돌 가수의 노래를 좋아하는 이유와 비슷하네요."

"어떤 점에서?"

"기성 가수의 노래는 뭔가 빤한 가사와 틀에 박힌 멜로디에서 벗어나지 않거든요. 그에 비해 아이돌 가수는 우리가 평소에 쓰는 격한 단어나 감정 표현을 그대로 드러내서 좋아요. 어떤 경우에는 욕설 비슷한 것도 그대로 사용해서 통쾌하고요."

"개인이 느끼는 감정을 드러내려 했다는 점에서는 비슷한 점이 있다고 할 수 있네."

공원의 흙길을 걷다가 아저씨가 커피 자판기를 발견하고는 곧바로 주머니에서 동전을 뒤적거린다. 하여튼 커피 마니아라니까. 하루에 적어도 서너 잔 이상은 마시는 듯하다. 기분이 꿀꿀해서 그런지 나도 커피가 당긴다.

"아저씨, 저도 한 잔만요!"

"웬일이야? 예슬이가 커피를 다 찾고."

자판기 옆 벤치에 나란히 앉아 산책하는 사람들을 바라본다. 싸구려 자판기 커피지만 달달해서 그런지 기분은 좀 나아진다.

"일단 아빠나 엄마에게 짜증이 나지만, 돌아서서 조금만 시간이

지나면 나한테도 화가 나요. 정말 제가 버릇없는 아이로 변해 가나 싶기도 해서요. 아저씨가 보기에도 제가 반항적이에요?"

"일반적으로 청소년 시기에 나타나는 특성이야. 그게 어른들에게는 괴상하고 버릇없어 보이고. 오죽하면 수천 년 전 쐐기 문자로 기록된 문서에 '요즘 젊은 애들은 버릇이 없다.'라는 말이 있었겠어?"

"헐. 수천 년 전에요?"

"응."

"그럼 저랑 아빠랑 싸우는 것처럼 수천 년 동안 어느 나라에서나 부모와 자식 간에 싸움이 있었다는 거네요."

"그런 셈이지."

"그럼 제가 아빠와 충돌하는 건 지극히 당연한 일인 거네요?"

"허허. 지극히 정상이야!"

"아저씨도 막 반항하고 싶던 때가 있었어요?"

"그럼. 학창 시절 술에 취해 소동을 부리다가 경찰서 유치장에 갇힌 적도 있으니까."

"아저씨도 말썽쟁이셨네요."

"허허. 얌전하지는 않았지."

"조금은 마음이 편하네요. 완전 모범생이었을 것 같은 아저씨도 비슷한 경험을 했다고 하니까요. 부모님이랑 부딪힐 때마다 정말 힘들었거든요."

"청소년의 권리라고 생각하면 돼!"

정말 마음이 조금은 편해졌다. 겉으로는 반발하고 짜증도 냈지만, 뒤돌아서서 혼자 있을 때면 마음 한구석에 내가 못된 애가 되어가고 있는 건 아닌가라는 생각이 떠나질 않았다. 다음에는 참아야지 했다가도 똑같은 상황이 벌어지면 다시 짜증이 폭발하곤 했다. 어떤 때는 확 집을 나가 버릴까, 생각한 적도 있었으니까. 그런데 수천 년 전부터, 대부분의 사람이 겪어왔던 일이라고 하니까 내가 특별히 비정상은 아닌 것 같다. 한결 기분이 가벼워진 느낌이다.

"아저씨는 대학에 가서라도 계속 문학을 하지 왜 힘들고 험난한 사상가의 길을 걸었어요?"

"고등학교 때 향후에 가지게 될 내 직업에 대해 나름대로 진지하게 고민했거든."

"시인을 꿈꿨다면서요?"

"단순한 시인이기만 한 건 아니었으니까."

"그럼요?"

"고등학교를 졸업하면서 〈직업 선택에 관한 한 젊은이의 고찰〉이라는 제목의 논문을 쓴 적이 있는데…."

"고등학교 때 논문을 써요?"

"유럽은 대부분 고등학교를 졸업하면서 논문을 쓰거든."

"그래요? 우리는 대학을 졸업하면서도 잘 안 쓴다고 하던데."

"그럼 논문은 언제 써?"

"보통은 대학원에 가서나 써요."

"도무지 이해할 수가 없구나. 대학에서도 논문을 쓰지 않으면 체계적인 학문 탐구가 어떻게 가능하지?"

"그건 그렇고, 고등학교 때 쓴 논문 내용이 뭔데요?"

"제목처럼 직업 선택에 있어서 나의 원칙에 대해 쓴 내용이야."

"어떤 생각을 썼어요?"

"일반적으로 사람들이 특정 직업에 대해 갖는 화려한 환상을 경고했지. 보통은 특정 직업 자체를 목표로 삼는 경우가 많잖아."

"아, 우리 아빠처럼요?"

"하하. 그런가?"

"대기업에 근무하는 회사원이라는 직업을 인생의 성공으로 아는 분이니까요."

"약간은 비슷하네. 우리 아버지도 법률가 자체를 인생의 목표로 봤으니까. 그때나 지금이나 대체로 법률가, 의사, 회계사, 대기업 회사원 등을 성공의 잣대로 삼지."

"우리랑 비슷해요. 성적이 상위권인 학생들에게 선생님이든 부모님이든 하나같이 경영대, 의대, 법대만 말하거든요. 마치 거기에 들어가기만 하면 인생의 모든 게 다 해결되는 것처럼 말이에요."

"수단으로서의 직업과 삶의 목표를 구별하지 못하는 바보 같은 생각이지."

"그래서 아저씨는 어떤 원칙이 필요하다고 했어요?"

"나를 정신적으로 더 고귀하게 만들고, 속세의 군중과 차별화시키는 방향."

"속세의 군중이 어때서요?"

"일반적으로 군중은 직업을 통해 자기 개인, 기껏 해 봐야 자기 가족의 이기적인 욕구와 안정된 생활만을 추구하는 데 몰두하잖아."

"그럼 어떻게 해야 돼요?"

"나의 일생이 전체 인류의 행복을 위한 것이 되는 쪽으로 직업 선택을 해야 한다는 문제의식이었지."

"조금만 더 구체적으로 설명해 주세요."

"인류의 공공선을 위해서 기여할 수 있는 직업을 선택해야 한다는 생각이었어. 그 논문에 이런 내용을 쓴 기억이 나네. '온힘을 다해 인류에 기여할 수 있는 길을 택한다면, 우리는 초라하고 제한된 이기적인 기쁨을 향유하지는 않을 것이다. 우리의 행복은 수백만 명의 행복이 될 것이기 때문이다.' 음… 좀 거창하지? 허허."

"손이 오그라들 것 같아요."

"왜?"

"너무 진지해서 꼭 무슨 선언문 같잖아요. 아저씨가 유별났던 거예요?"

"뭐 생각이 많은 편이긴 했지만, 꼭 나만 그랬던 건 아니야.

"그때 아저씨 나이가 몇 살이었는데요?'

"열일곱 살 정도였지, 아마."

"고작 제 나이 또래이거나 기껏해야 한두 살 정도 더 많은 나이

일 때잖아요."

"그 나이가 어리다고 생각하니?"

"어느 정도 알 만큼은 알 나이라고 생각하지만, 어쨌든 아직 어리기는 한 거 아닌가요? 부모나 선생님들도 아직 독립적인 인격체로 인정해 주지 않으시고요."

"아무리 그래도 스스로의 인생에 대해, 나아가서는 사회에 대해 진지하게 고민할 수 있는 시기이기는 하지."

"공부만 하기에도 벅찬데요?"

"예슬이가 알고 있는 한국의 근현대 역사만 생각해 봐도 중고등학생이 사회적으로 중요한 역할을 한 게 드물지 않아."

"어라? 뭐가 있어요?"

"서울에 오기 전 간추려진 한국 역사를 보니 학생들이 1970~80년대 민주화 운동에서 상당한 역할을 했던걸?"

"에이. 난 또 뭐라고. 그거야 대학생들이죠."

"꼭 그렇지도 않아. 예슬이도 4·19혁명에 대해 배우지 않았어?"

"배우기야 했죠."

"그때 누가 앞장섰어?"

"대학생 아닌가요?"

"아니던데! 부정선거에 항의해서 중고등학생들이 교문을 박차고 길거리로 나와 시위를 하면서 시작됐다고 나와 있어. 경찰이 발포한 최루탄을 얼굴에 맞은 후에 시체로 강물에 떠오른 사람도 고등학교

1학년이었고."

"아, 맞다! 그게 고등학생이었지!"

"그렇게 한 달 가까이 중고등학생이 길거리를 누비며 경찰에 맞서 시위를 벌이고 나서 뒤늦게야 대학생, 이어서 시민들이 들고 일어섰더라고."

"그렇게 자세히 배우지 않았어요."

"한국의 민주주의에서 그렇게 중요한 혁명을 자세히 배우지 않으면 도대체 역사 시간에 뭘 배워? 일제 강점기에도 중고등학생이 민족의 독립을 외치며 길거리로 나온 적이 종종 있던데."

"아, 있어요. 광주학생 항일운동이라고요."

"그러니까, 예슬이 나이 또래의 학생들이 사회 문제를 해결하겠다고 나설 정도니 꼭 어리다고만 생각할 수 없지."

"아저씨 말을 듣고 보니 그러네요. 그런데 왜 지금은 우릴 어리게만 보는지 모르겠어요. 집에서든 학교에서든 학생이니까 오직 공부만 하라고 그러거든요."

"국가의 통제 욕구와 가족 이기주의가 결합한 결과지."

"아저씨, 또 이상한 얘기로 연관시킨다."

"뭐가?"

"그렇잖아요! 학교 이야기하는데 왜 국가 통제가 나와요?"

"교육이라는 게 독립적인 기능이 아니거든. 국가 통치를 위한 수단 중의 하나지."

"어떤 점에서요?"

"일정 연령 안에 있는 모든 사람에게 학교 교육을 의무화하는 '의무 교육 제도'가 어떻게 만들어졌을까?"

"그야 신분제가 없어지고 난 뒤에 국민들이 국가에 요구해서 만들어진 것 아닌가요?"

"국민의 요구를 완전히 무시할 수는 없지만, 또 한편으로는 공장에서 노동자들을 관리하고 국가가 국민을 통제하는 데 편리해서 도입한 측면도 무시할 수 없어."

"노동자를 관리해요?"

"응, 그런데 먼저 생각해 볼 점이 있어. 자본주의 사회의 노동자들은 어떻게 생겨난 걸까? 하늘에서 뚝 떨어진 게 아니라면 말이야."

"농사를 짓던 농부들이 공장으로 가서 노동자가 된 것 아닌가요?"

"딩동댕. 그럼 농부들은 왜 노동자가 될 수밖에 없었을까?"

"스스로 원해서 공장에 간 거 아니에요?"

"한번 잘 생각해 봐. 예슬이라면 특별한 이유도 없이 자기가 대대로 살던 고향을 등지고 아무 연고도 없는 도시 빈민가로 몰려가 노동자가 되려고 했겠어?"

"불안하기는 하겠지만 노동자로 사는 게 더 좋기만 하다면 그 길을 선택했겠죠."

"둘 중에 더 좋은 걸 고르는, 그렇게 행복한 선택이었으면 얼마나 좋겠어! 농부들은 생존을 위해 도시 빈민가로 쓸려 들어가서 노동자로 전락했어."

"신분제도 없어졌는데, 강제할 순 없잖아요."

"사실상 강제나 다름없었지. 혹시 세계사 수업 시간에 유럽에서 나타난 인클로저(enclosure)운동에 대해 들어 봤어?"

"들어는 봤는데, 워낙 짧게만 나와 있어서 자세한 내용은 잘 몰라요."

"일종의 토지 강탈이야. 자본주의는 자본의 축적으로부터 시작되는데 처음에 농민의 땅을 강제로 빼앗는 방법을 통해서 자본제 생산에 필요한 자본을 만들었지."

"엥? 이상하네. 제가 알기로는 처음에 근면하고 성실하게 돈을 모아서 자본을 만든 거라고 알고 있는데요?"

"그럼 게으르고 일하지 않아서 자기의 모든 것을 탕진해 버리는 불량배 같은 사람이 노동자였다고 생각한 거야?"

"원래 그런 거 아닌가요? 근면하고 영리하며 특히 절약하는 생활을 했던 소수의 사람이 돈을 모아 자본가가 되고, 다수의 게으른 사람들은 결국 노동자가 될 수밖에 없다고 알고 있거든요."

"헐. 네 예상과는 전혀 다르게 역사에서 자본의 축적은 정복과 노예화, 강탈, 살인 등 한마디로 말해 폭력으로 이루어졌어. 근면함과 게으름에서 자본가와 노동자의 구분이 생겨났다는 생각은 전혀 근거가 없지. 실제로는 자본가가 노동자에게 행한 폭력과 약탈이 역사를 채우고 있어. 이를 극명하게 보여주는 것이 이른바 '시초(始初) 축적'이야."

"시초 축적이 뭔데요?"

"자본주의 출발에 필요한 최초의 자본 축적이라는 의미야. 좀 전에 말한 인클로저 운동이 바로 시초 축적의 전형적인 방법이었고."

"인클로저가 뭔지 좀 더 자세하게 알려 주세요."

"원래 '인클로저'라는 말은 울타리를 두른다는 뜻이야. 지주들이 그 지역 농민들 모두의 공유지에 말뚝을 박아 울타리를 치고 '지금부터 이 땅은 내 것이니까 너희는 앞으로 이용하지 마!'라는 식으로 강제로 빼앗았지."

"공유지가 뭐예요? 땅은 원래 개인의 소유지, 공동 소유라는 게 있었어요?"

"대부분의 전통 사회에는 공유지가 있었어. 가축에게 필요한 풀이나 땔감 등을 제공하는 공동 소유의 땅이지. 또한 농사를 짓는 농토도 지금처럼 특정인의 배타적인 소유권을 보장하지는 않아서 지주라고 해서 땅을 자기 마음대로 처분할 수는 없었지. 지주에게서 땅을 빌려 쓰는 농노에게도 사용권이 있었거든. 지주에게만 모든 권한을 주는 사적 소유는 자본주의 사회에 와서 생겼어."

"사용권이요?"

"상식적으로 생각해 봐. 전통 사회에서는 농업이 사회 구성원 모두의 생명줄이었잖아. 만약 지주에게만 배타적인 소유권이 주어지면 어떤 일이 발생할까? 지주는 마음대로 소작 농민을 자기 땅에서 내

쫓게 될 거야. 농민은 매우 불안정한 상태에서 올해는 이 땅에서, 다음 해에는 저 땅으로 이리저리 옮겨 다니면서 일을 하게 되겠지."

"그냥 아무런 근거 없이 땅을 빼앗는다고요?"

"지주가 소유권을 독점하게 되면 그럴 수밖에 없지. 땅 주인이 나가라고 내쫓으면 나갈 수밖에. 그렇게 되면 대다수 농민의 삶은 순식간에 극도의 빈곤에 빠지게 되겠지? 그런 상태에서 안정적인 농업 생산력을 기대하기는 힘들 거야. 그래서 소작 농민에게는 그 땅을 사용할 수 있는 일종의 사용권을 보장해서 사회 전체적으로 볼 때 안정적인 농업 경영이 가능하도록 한 거지."

"근데 그게 자본주의와 무슨 관계가 있어요?"

"자본주의가 초기에는 방직 등 섬유 산업에서 출발했다는 사실은 들어 봤지?"

"그거야 배워서 알죠."

"말 그대로 폭력적인 강제였어. 원인은 양모 산업의 성장과 양모 가격의 폭등 때문이야. 지주들이 곡물을 생산하는 것보다 양모를 생산하는 게 훨씬 더 돈을 많이 벌 수 있었던 거지. 그래서 농경지를 죄다 목장으로 전환시켰어. 농민들을 농지와 공유지에서 강제로 내쫓고, 대규모로 양을 길러 막대한 이익을 챙기기 시작했지. 이 과정에서 대규모적인 자본 축적이 일어났고 자본주의 기업 생산을 위한 돈을 마련했어."

"어떻게 막 빼앗을 수 있어요? 이해가 안 가요."

"처음에는 말 그대로 아무 근거 없이 빼앗고 농민을 내쫓았다면, 나중에는 아예 합법적으로 의회에서 '입법'을 통해 정부 주도하에 이루어졌지."

"그렇게 땅을 잃은 사람들이 노동자가 된 거예요?"

"그렇지! 땅을 빼앗겨서 생산수단을 갖지 못하게 된 사람들이 폭발적으로 늘어났어. 어쩔 수 없이 살길을 찾아 공장이 있는 도시로 유민이 되어 몰려 들어가야 했지. 결국 인클로저를 통한 시초 축적은 농민을 생산수단 소유로부터 폭력적으로 분리하는 과정이었어. 자본주의가 발전하려면 한편으로 자본 축적이 있어야 하고, 다른 한편으로는 공장에서 일할 노동자들이 대규모로 있어야 하잖아. 자본가는 인클로저 운동을 통해 이 두 가지를 동시에 이루어 냈지. 한마디로 일거양득이지."

"인클로저가 뭔지는 이해하겠는데, 그게 의무 교육과 도대체 무슨 관계가 있어요?"

"도시 빈민가로 쓸려 들어온 농민들은 공장 노동에 필요한 규율을 지니지 못했거든."

"농사일과 공장일의 노동 규율이 달라요?"

"아주 많이 다르지."

"어떻게요?"

"공장이나 회사에서는 동작의 낭비를 최소화하여 노동 강도를 높인다는 말을 엊그제 했던 것 기억해?"

"아무렴요. 지겹도록 들었는걸요."

"점심식사 시간과 중간에 10분 정도 잠시 주어지는 휴식 시간 말고는 쉴 새 없이 일을 해야 하거든."

"농사일은 달라요?"

"농사의 경우 일하는 시간을 농부 자신이 정하지. 전날 특별한 사유로 피곤하거나 몸이 좀 안 좋으면 하루 이틀 논밭에 안 나가는 경우도 있고, 여름에 더우면 한낮에 나무 그늘에 누워 쉬거나 낮잠을 즐기기도 하지. 혹은 일하다 간식과 함께 술을 마실 수도 있어. 일이 끝나는 시간도 정해진 게 없어서 더 하는 날도 있고, 덜 하는 날도 있지. 또 가을에 추수가 끝나고 나서 겨울 농한기가 찾아오면 몇 달씩 농사일에서 벗어나기도 해."

"생각해 보니 그러네요."

"인류는 수천 년 이상의 농경 생활을 하면서 이렇게 일하는 게 당연한 것이었고, 몸에 배어 있었지. 공장에서 요구하는 노동 규율은 한 번도 경험해 보지 못했던, 생각조차 해 보지 못한 이상한 방식이었을 거야. 당연히 새로운 방식에 적응할 수 없었지. 또 빈민가에 살고 있는 수많은 노동자를 모두 고용할 만큼 일자리가 충분하지 않았어. 최소한의 생계도 불가능할 정도로 터무니없이 낮은 임금만을 주는 공장도 많았지. 노동자가 거주하는 빈민가는 실업자로 우글댔어."

"수천 년 동안 익숙해진 일하는 방식을 어떻게 바꿨어요?"

"처음에는 강제와 폭력이 동원됐지. 심한 경우에는 채찍과 쇠사슬이 동원됐고. 나중에는 영국을 비롯한 몇몇 나라에서 아예 '부랑자법'을 만들어서 일하지 않는 사람은 감옥에 가두기도 했으니까. 그 결과 기업에서 아무리 형편없이 적은 임금을 주거나 가혹한 노동 조건이라 하더라도 감옥에 가지 않으려면 공장에서 일을 해야 했어. 사실상 국가와 법의 이름으로 자행되는 강제 노동이었지."

"어처구니가 없네요. 하지만 지금은 강제나 폭력은 없는걸요."

"폭력적인 방식이 오래 유지되기는 어려웠지. 계속 폭력으로 강제하면 노동자의 조직적인 반발이 생기고, 폭동이나 혁명도 일어날 테니까 말야."

"그러면 어떻게 했어요?"

"자본가와 국가는 아주 유용한 방법을 만들어 냈어. 의무 교육은 폭력을 대신하는 획기적인 발명품이었지."

"의무 교육이 어떻게 그런 역할을 할 수 있다는 건지 잘 이해가 안 돼요."

"초등학교에서 중고등학교에 이르는 의무 교육 방식을 잘 생각해 봐. 공장이나 회사의 일정과 상당히 비슷해. 하루 이틀 정도의 공휴일을 제외하고는 노동자의 출퇴근과 비슷한 일정이야. 매일 규칙적으로 새벽에 일어나서 집을 나서고 저녁 시간까지 제한된 공간 안에 있어야 하지. 또 한 시간 수업에 10분 휴식을 반복함으로써 공장이나 회사에 필요한 규율을 오랜 기간 몸에 밸 정도로 습득하게 만들어. 교칙을 통한 명령과 복종도 나중에 업무 규율에 자동적으로 따를 수 있도록 훈련하지."

"학교에서 단지 규율만 배우는 게 아니라 지식도 쌓잖아요."

"그것도 기업의 요구와 맞물려 있어."

"어떻게요?"

"먼저 농사일이야 글을 몰라도 상관없지만, 기업과 연관된 업무는 다르거든. 생산직이든 사무직이든 전문화된 노동을 요구하기 때문에 업무에 필요한 사항을 글을 통해 습득할 필요가 있어. 글을 모르거나 기본적인 수리적 사고가 없다면, 말 그대로 단순 노동 이외에는 할 수 없으니까. 이를 위해서는 대부분의 구성원이 글을 읽고 쓸 줄 알아야 하지. 특히 수학이나 과학은 기업에서 직접적으로 필요로 하는 지식을 배우는 기초 학문이기도 하고."

"교육이 기업의 요구와 맞물려 있다는 게 무슨 말인지는 어느 정도 알겠는데, 국가 통제와는 어떻게 연결돼요?"

"국가는 국가대로 교육을 통해 구성원을 길들이는 과정이기도 해. 학생들이 입시 경쟁에만 매달리게 함으로써 자본가와 국가는 여러 가지 목적을 이룰 수 있어. 먼저 10년 이상을 성적과 입시를 둘러싼 경쟁 속에 있게 함으로써 인간 사회에 만연한 경쟁 논리를 자연스럽게 이해하도록 만들지. 강한 자는 살고, 약한 자는 도태되는 약육강식의 논리 말이지.

또 시장 경쟁을 인간이 회피할 수 없는 자연스러운 질서로 받아들이면서, 자본주의를 인간이 선택해야 하는 최선이자 유일한 선택이라고 생각하게 만들지. 빈부 격차가 심화되고 자신이 빈곤한 처지에서 벗어나지 못하더라도, 자본가의 착취나 국가의 억압에서 원인을 찾기보다는, 자신이 노력을 덜 했거나 능력 부족의 결과라고 생각하고 자책하게 만드는 거야. 구성원들이 자본주의에 철저하게 순응하도록 하는 주요 장치인 셈이지."

"학생들은 성적이 떨어지면 자신을 탓하기는 하죠. 그런데 그게 결국 경쟁 논리만을 유일한 삶의 원리로 받아들이게 하는 과정이라는 얘기네요."

"그렇지! 뿐만 아니라 아침부터 밤까지 학교 공부에만 매달리게 해서 사회와 정치에 무관심하도록 만들어. 정치적인 독재를 비롯해서 사회에 어떤 문제가 있든 그저 자신과 가족의 이익만을 생각하니까, 국가는 얼마나 국민을 지배하기 편하겠어?"

"하여튼 아저씨랑 얘기하다 보면 꼭 골치 아픈 문제로 간다니까요. 산책을 하며 좀 가벼운 대화를 하나 했더니만 또 어려운 내용으로 흘러가네요."

"그런가? 예슬이 기대를 저버린 것 같아서 미안한걸!"

"헤헤, 아니에요. 제가 아저씨를 못만났더라면 누구한테 이런 얘길 들었겠어요?"

"조금은 위안이 되네. 허허. 다시 원래 하던 얘기로 돌아오면, 그런 이유로 학교든 사회든 청소년은 보호의 대상이고, 오직 공부에만 열중해야 한다고 유도하는 경향이 나타나."

7 나의 진로 문제를 고민하다

"참! 그 얘기 하던 중이었죠. 그러면 제가 어리다고 생각할 필요는 없네요?"

"당연하지. 자신의 삶은 물론이고 사회에 대해서도 얼마든지 나름의 가치관을 갖고 행동할 수 있는 나이지."

"역사학과를 가고 싶어 하는 제 생각은 너무 개인적인가요?"

"어떤 학문 분야를 선호한다고 해서 그게 개인적 선택으로 머무는 것은 아니야. 만약 역사학과에 가서 교사가 된다든가 하는 식으로, 직업적인 진로만 생각하게 되면 생각의 폭은 좁아지지. 흔히 학교 선생님이나 부모들의 직업에 대한 사고방식은 모두 직업에만 초점이 맞춰져 있거든. 그 시각으로 본다면 역사학이나 철학은 안정된 직장을 구하기 어렵다는 식의 결론으로 이어지잖아."

"하도 많이 들어서 귀에 못이 박힐 지경이에요."

"하지만 역사학과에 가더라도 누구를 위한 역사학이어야 하는지, 혹은 역사 교사가 되더라도 어떤 역할을 하는 교사가 될 것인지를 생각하는 게 중요하지."

"학문도 누구를 위한 것이냐에 따라 나뉘어요?"

"그럼! 세상에 완전히 객관적이거나 중립적인 학문이 어디 있겠어? 역사학, 경제학, 정치학, 나아가서는 철학도 지배 계급을 위해 봉사할 것인지, 아니면 사회 구성원의 다수를 차지하는 노동자, 농민, 빈민의 이익을 증진시키는 쪽으로 사용할 것인지에 따라 전혀 다른 방향으로 나아가게 돼."

"다른 학문은 몰라도 역사학은 객관적 사실을 중시하는 학문 아닌가요? 오히려 역사가의 주관적 관점을 배제해야 되잖아요?"

"그러한 생각조차 역사를 바라보는 여러 관점 중 하나일 뿐이야. 역사조차도 어느 계급의 관점에서 보느냐에 따라 전혀 다른 방향으로 내용과 형식이 나아갈 수밖에 없어."

"제가 알기 쉽게 얘기해 주세요."

"알기 쉽게라…. 그래, 그게 좋겠다. 며칠 전에 엄마 아빠랑 함께 TV 드라마 이야기했던 것 기억하지?"

"그럼요! 그동안 아저씨랑 나눈 대화 가운데 그나마 이해도 쉽고 흥미로워서 생생하게 기억해요. 특히 구석기 얘기는 신선했고요."

"한국의 TV 드라마 중에는 사극도 꽤 많더라."

"방송사마다 항상 한두 편씩 사극을 방영해요."

"사극은 픽션에 해당하는 부분도 적지 않아서 곧바로 역사학이라고 볼 수는 없지만, 네가 이해하기가 수월한 것 같아서 말이야. TV 사극에서 다루는 내용은 주로 뭐야?"

"어떤 사극이냐에 따라 다르지만 대체로 우리나라 역사에서 큰 업적을 남긴 왕이나 장군을 다루는 경우가 많죠."

"내가 봐도 심할 정도로 왕과 장군 얘기로 가득하더라. 그런데 왕이나 장군은 그 시대의 지배 계급 아니니?"

"당연히 그렇죠."

"전통 사회는 철저하게 신분제 사회잖아. 일단 소재 자체가 왕이나 장군이면 주로 지배 계급의 입장에서 극 내용이 만들어지기 십상이지. 당시의 노비나 농민의 입장은 무시될 수밖에 없어."

"백성을 보살피려 했던 현명한 군주를 다루는 내용이면 상관없는 것 아니에요? 일반 백성한테도 좋은 거잖아요."

"주로 사극에서 다루는 왕은 왕권 강화를 시도했거나 실현했던 왕이거든. 결국은 신분제를 강화하고자 하는 의지가 기본 바탕에 깔려 있기 마련이지. 왕을 중심 내용으로 다루면서 양반 제도나 군주 제도 자체를 비판하거나 부정하는 내용을 담긴 어렵지 않을까? 아마 한국 TV에서 나온 사극 가운데 왕이나 양반에게 저항한 농민 반란 이야기를 다룬 사극은 거의 없을걸?"

"제가 기억하는 한 〈추노〉 말고는 노예를 다룬 사극은 거의 없었던 듯해요. 반란을 그리는 장면도 가끔 있지만 그게 중심이 되는 이야기는 아니었어요."

"사극뿐만 아니라 역사학도 마찬가지야. 예슬이가 학교에서 배우는 국사 교과서는 어때?"

"그것도 왕이나 장군의 업적 중심이기는 마찬가지죠."

"그러한 역사 서술은 현재 지배 계급의 이해관계와도 맞아떨어져. 역사적으로 왕권 강화를 올바른 방향인 것처럼 배울 때 현대 사회에서도 통치를 하는 지배 계급 중심으로 모든 사람이 단결해야 한다는 사고방식을 주입하게 되니까. 지배 계급에 저항하는 행위는 사회적 혼란이고, 사회를 후퇴시킨다는 논리가 퍼지게 되지."

"하여튼 간단한 게 하나도 없네요. 역사를 객관적이거나 중립적인 학문으로 생각하는 입장은 다시 생각해 볼 여지가 있는 것 같아요."

"그러니까 역사와 관련하여 '어떤 직업을 가질 것인가'로 자신의 진로를 한정시켜 생각하면 개인적인 생계 수단을 마련하는 것 이상을 넘어서기 힘들어. 진정한 의미의 진로 고민이 되기 위해서는 '어떻게 살 것인가'와 관련지어 생각해야지."

"그렇기는 한데요, 어떻게 살지를 생각하려면 그만큼 인간이나 사회에 대한 고민도 필요하잖아요."

"물론이지. 그렇기 때문에 단순히 장래의 자기 직업을 분명히 정했다고 해서, 이를 위해 수학이나 영어 성적을 잘 관리했다고 해서 자기 진로를 잘 준비하는 건 아니야. 네 말대로 청소년 시기부터 인간과 사회를 나름대로 이해하기 위한 노력이 필요해."

"학교 교육 과정에 그런 게 없는데 어떻게 준비해요?"

"국가 중심의 교육 체제에서 그런 교육 내용을 기대하기는 힘들지. 특히 한국처럼 국사 교과서 내용을 국가가 사실상 검열하는 사회에서는 다양한 방면에서 가치관을 고민할 기회가 거의 없어. 그래서 다양한 독서 경험을 할 필요가 있는 거야. 역사만해도 참고서 같은 거 말고, 다양한 역사관을 접할 수 있는 책을 봐야지. 특히 그동안 예슬이가 접한 게 왕과 장군 중심의 역사 지식이나 사회 안정의 관점에 한정되었으니까, 민중의 관점이나 갈등의 관점에서 새로운 경험을 할 수 있는 역사책을 읽는 게 큰 도움이 되겠지."

"입시 때문에 스트레스를 엄청 받지만 틈틈이 다양한 책을 읽고 싶은 마음은 굴뚝 같아요."

"이제 예슬이 기분이 풀렸나 모르겠네."

"뭐, 한두 번 겪은 일인가요. 그래도 아저씨랑 산책도 하고 얘기도 나누니까 좀 나아진 것 같아요."

"다행이네. 허허."

"아저씨가 유럽으로 돌아가더라도 궁금한 거 있으면 언제든지 물어보고."

"아 참! 아저씨가 서울에 온 지 벌써 열흘이 넘었네!"

"그러게 말이다. 며칠밖에 안 된 것 같은데 벌써 돌아갈 날이 거의 다 됐구나."

"아저씨 가시면 허전할 것 같아요."

"나도 예슬이 보고 싶을 거야. 뭐, 그래도 이메일이다 뭐다 연락할 수 있는 수단은 많으니까."

"그래도요…"

"자! 집으로 돌아갈까?"

벤치에서 일어나 집으로 향한다. 비라도 시원하게 내렸으면 좋겠다. 그러면 뭔지 모를 꿀꿀하고 서운한 마음도 빗물에 씻겨 싹 가실 것 같은데.

마르크스
아저씨를
보내며

8

마르크스 아저씨가 유럽으로 돌아가는 날이다. 아저씨는 옷도 몇 벌 안 가져와서 짐이라고 해 봐야 여행 가방 하나가 전부다. 채비를 하는 데 한 시간도 채 걸리지 않았다. 엄마는 엄마대로 마지막 음식 솜씨를 발휘할 기회라면서 내내 주방을 왔다갔다 한다. 모든 준비를 마치고 식탁에 앉으니 상다리가 부러질 듯한 진수성찬이다.

"계시는 동안 불편하시진 않았는지 모르겠어요."

엄마가 의자에 앉으며 인사치례를 한다.

"천만에요! 과분할 정도로 반겨 주셔서 잘 지냈는걸요. 허허."

"입에 안 맞는 음식도 있었을 텐데."

"웬걸요! 예슬 엄마 음식 솜씨에 반했는걸요. 유럽에 가서도 이 식탁에서 맛보았던 음식을 먹고 싶으면 어쩌나 싶어요."

"이참에 유럽으로 가서 한국 음식점이나 차릴까요?"

"좋은 생각이네요. 저는 그럼 단골손님 예약이요."

"호호. 농담이고요. 제 솜씨로는 어림도 없어요. 그나저나 유럽 여행은 언제 가 보나?"

엄마가 슬쩍 아빠에게 애교 섞인 미소를 띠며 넌지시 찔러 본다.

"아, 조만간 유럽으로 꼭 놀러 오세요. 유럽에 오시면 제가 가이드 역할 톡톡히 해 드릴게요."

아저씨가 장단을 맞춘다.

"정말요? 엄마, 나도! 나도!"

나도 신이 나서 맞장구를 쳤다. 지난 10여 일 동안 유럽 여행 얘기를 입에 달고 살던 엄마 못지않게 나도 유럽에 가고 싶다. 프랑스 루브르박물관이나 영국의 대영박물관은 물론이고 인터넷 블로그에 올라온 여행기나 TV 여행 프로그램으로만 봤던 파리나 런던의 아름다운 거리를 하루 종일 걷고 싶다.

"애! 넌 대학부터 들어가고 나서!"

"치. 또 그 얘기."

"호호, 대신 엄마가 실컷 구경하고 사진 찍어 와서 보여 줄게!"

금방 여행 가방이라도 쌀 것처럼 아주 신 난 표정이다.

"이 사람 극성 때문에라도 언제든 한번 가긴 가야 할 텐데…"

아빠가 확답은 못하고 머리를 긁적이며 말꼬리를 흐린다.

"돌아오는 여름휴가 때 시간 한번 내 봐요. 아무래도 열흘 정도 유럽 여행을 하면 복잡한 회사 일을 완전히 잊고 기분 전환할 수 있을 테니까요."

아저씨가 다시 부추긴다.

"와. 다음 여름휴가 때, 완전 조으다! 조으다!"

엄마는 엉덩이를 들썩이며 환호성을 지른다.

"이놈의 회사 일이 만만치가 않아서, 열흘이나 시간을 만들 수 있을지…."

"여보! 그러다가는 정년퇴직하고 당신이나 나나 할아버지 할머니 다 돼서야 간다니까. 그때는 몸이 말을 안 들어서 여행 가도 즐겁지도 않대요!"

엄마의 들뜬 기분이 좀처럼 수그러질 기세가 아니다.

"허 참. 노력은 해 볼게."

아빠가 마지못해 긍정적인 답을 한다.

"엄마! 그럼 나는?"

"너는 대학 들어가고 친구들하고 한 달쯤 배낭여행 실컷 다녀도 늦지 않아!"

"보내 주긴 할 거야?"

"그거야 너 하는 거 봐서. 좋은 대학 들어가고. 아르바이트 해서 여행 경비에 어느 정도 성의를 보이면 보내 줄 수도 있지!"

"피."

유쾌한 분위기 속에서 아침 식사를 마치고 이제는 정말 아저씨가 떠나야 하는 시간이다. 아저씨가 홀가분하게 방에서 짐을 챙겨 나온다.

"그냥 하는 말이 아니라, 그동안 너무 고마웠어요. 조만간 제가 유럽에서 이 집 식구를 모실 수 있는 기회를 꼭 주세요."

"서울 와서 얻고자 했던 바를 충분히 얻었어야 하는데…."

아빠가 말을 받는다.

"그리 길지 않은 기간이니 아무래도 욕심만큼은 아니죠 뭐. 하지만 알찬 시간을 보낸 건 분명해요. 특히 예슬이가 이곳저곳 제가 원하는 대로 싫은 기색 한 번 없이 안내해 줘서 큰 도움을 받는걸요."

"제가 좀 똘똘해서요. 헤헤."

"예슬이 덕분에 아저씨는 한국에 더 큰 관심이 생겼어."

"정말요? 기분 좋은데요."

"다니면서 얘기 나눈 시간이 너무 즐거웠어."

"저도요. 아저씨 얘기를 반도 제대로 이해하지는 못했지만요. 하여튼 나중에 배낭여행 가면 아저씨 시간 다 뺏을 줄 아세요! 제가 가보고 싶은 데가 엄청 많거든요. 무지하게 못살게 굴지도 몰라요."

"예슬이라면 나야 언제나 대환영이지. 허허."

"이러다 비행기 시간 늦겠습니다."

아빠가 계속 시계를 보며 재촉한다. 아빠는 공항까지 아저씨를 배웅하고 나서 출근한단다.

"이제 정말 갈게요! 다시 뵙겠습니다."

마르크스 아저씨가 짐을 들고 현관을 나선다.

"아저씨! 꼭 찾아갈게요. 조심히 가세요."

그렇게 아저씨는 떠나고 나는 내 방으로 들어와 책상에 앉았다. 서너 시간이 지났으니 지금쯤 유럽으로 가는 비행기 안에 있지 않을까. 하지만 실감은 나지 않는다. 저녁 시간이 되면 아저씨가 현관문을 열고 다시 집으로 들어올 것만 같다. '허허' 하면서 웃는 모습으로 말이다. 아저씨가 우리 집에 머문 기간이 10여 일이 아니라 마치 몇 달이었던 것 같다. 그래서인지 집이 더 휑하게 느껴진다. 이 허전한 마음이 며칠은 갈 것 같다.

아저씨가 우리 집에 머무는 동안 나는 부쩍 자란 느낌이다. 아저씨랑 나눈 대화를 모두 이해한 것도 아니고, 또 아직도 선뜻 공감이 안 가는 내용이 있기도 했다. 하지만 몇 가지 나름대로 의미 있다고 여겨지는 변화가 찾아오는 중이다. 나와 가족에 대해, 나아가서는 내가 사는 이 사회에 대해 조금은 더 진지하게 생각하려는 마음이 생긴 듯해서 뿌듯하다.

무엇보다도 나 자신에 더 충실해져야겠다는 생각이다. 그동안은 정해진 시간대로 학교와 학원 수업을 반복하며 성적을 올리는 일에만 관심을 두었다. 진로에 대해서도 막연히 어느 학과를 지망할 것인가에서 벗어나지 못했다. 하지만 이제 스스로 어리다는 생각에서 벗어나야 한다는 점은 분명해졌다. 아직 구체적으로 어떻게 살 것인가를 고민하거나 뚜렷한 방향이 잡히는 않았지만 적어도 고민하려는 마음은 꿈틀거린다.

아주 미약하기는 하지만 아빠와 엄마를 조금은 이해할 수 있게 된 느낌이다. 여전히 경영대 이야기를 꺼내면 나도 모르게 짜증이 나기는 한다. 며칠 전만 해도 마르크스 아저씨가 함께 있던 자리에서 참지 못하고 폭발했으니까. 하지만 아빠가 회사에서 일하는 모습을 보고 또 아저씨와 대화를 나누면서, 아빠에 대한 편견도 조금은 완화된 것 같다. 자신감과 경쟁력으로 단단하게 무장되어 있는 모습만 보여주던 아빠의 또 다른 면이 내 마음을 변화시켰다. 아빠의 어깨가 이전보다 좁아진 느낌이 싫기보다는 편하게 기대고 싶다는 생각이 든다. 답답하게 보였던 엄마의 일상에서 조금이나마 내면의 아픔을 볼 줄 아는 눈도 생겼다.

아저씨랑 지내면서 가장 흥미로웠던 건, 사회를 바라보는 색다른 시선이었다. 습관적으로 그저 일상의 한 부분으로만 여겼던 작은 현상에서도 기존의 사회적 통념과는 다르게 바라보는 시선 말이다. 다른 발상으로 접근하는 게 어떻게 가능한지는 여전히 잘 모르겠다. 그래도 무조건 외우고 받아들이기보다는 다르게 생각해 볼 필요가 있다는 문제의식 정도는 생기게 된 것 같아 스스로가 대견하다.

몇 년 후에 마르크스 아저씨를 다시 만날 때쯤이면 나도 많이 달라져 있겠지. 한층 더 생각이 깊어져 있을 그때의 내 모습이 벌써부터 기대된다. 내일은 서점에 들러봐야겠다. 마르크스 아저씨와 동명이자 생김새도 꼭 닮은, 사상가 마르크스가 썼다는 책을 한번 읽어볼 생각이다. 대신에 제일 쉬워 보이는 책으로. 얼마나 이해할 수 있을지는 모르겠지만 틈틈이 읽어나가야지.

부록

마르크스처럼 극단적으로 엇갈리는 평가를 받는 인물도 드물 것이다. 한편으로는 노동자의 미래를 밝혀 준 지도자로 찬사를 받기도 하고, 다른 한편으로는 인류 역사에 재앙을 일으킨 악마로 비난받기도 한다. 누구나 인정할 만한 객관적 평가를 시도하는 행위 자체가 어리석은 일일지도 모른다. 마르크스라는 인물과 그의 주장 자체가 특정한 사회적·경제적 이해관계와 밀접하게 연결되어 있기 때문이다. 계급적 관점을 중시했던 마르크스이기에 자본가에게는 파괴적 도발로 여겨질 것이며, 노동자에게는 신선한 자극으로 다가올 수 있다. 하지만 부정적인 평가든 긍정적인 평가든 적어도 마르크스가 세계사에 엄청난 영향을 미쳤다는 점은 부인할 수 없는 사실로 받아들여지고 있다.

마르크스가 처음부터 혁명가였던 것은 아니다. 청년 시절에 헤겔 철학에 몰두했던 그는 철학적 관점에서 인간 사회와 역사를 바라보았다. 그러다가 진보적 신문의 편집장으로 일하면서 농민 문제, 자유무역 문제 등에 관한 논쟁에 휘말리게 된다. 그러면서 점차 경제 문제에 관심을 갖게 됐다. 프랑스 대혁명을 거쳐 자유·평등·박애가 새로운 시대정신으로 떠올랐지만, 당시 현실에서는 수많은 대중이 빈곤과 질병을 숙명처럼 받아들여야 했다. 마르크스는 다수 노동자와 민중이 처한 경제적 빈곤과 정치적 억압의 원인을 파악하고, 그 해결책을 실천적으로 모색하고자 했다.

여러 사건에 대한 분석을 통해 철학·도덕·법률·이데올로기 등 표면적으로 사회의 성격과 발전을 규정하는 듯이 보이는 것들의 토대에 경제적 이해관계가 깔려 있음을 간파한 마르크스는, 그 이후 줄곧 경제 문제에 대한 연구를 파고들었다. 마르크스를 알고 있던 한 친구의 표현처럼 "그는 종종 책의 바다에 몸을 던졌다." 그 연구의 정점에 기념비처럼 우뚝 서 있는 것이 바로 《자본론》이다.

마르크스는 단지 책을 쓰는 데 인생을 바친 이론가이기만 한 것은 아니다. 1848년 혁명을 비롯하여 당시 유럽 곳곳에서 나타나던 실천적 운동에도 깊숙이 개입했다. 마르크스는 자본주의의 역사적 의의와 근본 모순을 분석했을 뿐 아니라, 이 모순을 타파하고 새로운 역사를 개척해 나갈 실천적 방안을 모색했다. 그 결론으로서 새로운 시대를 열어 갈 수 있는 주인공은 노동자 계급뿐이라는 점을 밝혔다. "노동자 계급의 해방은 노동자 계급 자신의 힘으로 이루어져야 한다."라는 자기해방 사상이 마르크스의 정치적 결론이었다.

주요 저작으로는 《자본론》을 비롯하여 《독일 이데올로기》, 《철학의 빈곤》, 《공산당 선언》, 《루이 보나파르트의 브뤼메르 18일》 등이 있다.

● 1818

독일 유대인 그리스도교
가정에서 태어난다.
아버지는 부유한
변호사로 자유사상을
지닌 계몽주의파
출신이었고, 어머니는
네덜란드의 귀족 집안
출신이었다.

● 1830

12세 프리드리히 빌헬름
김나지움에 입학한다.

● 1835

17세 김나지움을
졸업하고, '직업 선택'에
관한 작문 발표를
한다. 본 대학 법학부에
입학하여 인문학 강의만
듣는다.

● 1836

18세 예니와 약혼하고,
베를린 대학 법학부에
입학하여 법률·역사·
철학을 공부한다.
이곳에서 당시 젊은
신학 강사였던 브루노
바우어가 이끄는 헤겔
좌파에 속하면서
차츰 무신론적 급진
자유주의자가 되어 간다.

● 1841

23세 에피쿠로스 철학에
관한 논문으로 예나
대학에서 박사 학위를
받은 후,
대학 강사의 꿈을
포기하고 언론 활동을
시작한다.

● 1842

24세 급진적 반정부
신문인 〈라인신문〉에
기고하기 시작하며
같은 해 10월, 이 신문의
편집 주임이 된다.

25세 예니와 결혼하고, 〈라인신문〉이 경찰에 의해 폐간당하자, 파리로 이주하여 프랑스 사회주의와 경제학을 연구한다.

26세 〈독일-프랑스 연보〉를 발행하고 《유대인 문제에 붙여서》와 《헤겔 법철학 비판 서설》을 발표한다. 경제학 연구 성과로 《경제학·철학 초고》를 저술한다.

27세 파리에서 추방되어 브뤼셀로 이주하고 《신성가족》을 출판한다. 엥겔스와 공동으로 《독일 이데올로기》 집필에 착수하여 마르크스주의의 철학적 기초를 확립한다.

29세 런던에서 '공산주의자 동맹'이 결성되자 마르크스는 엥겔스와 함께 이에 가입하여 이 동맹의 강령인 《공산당 선언》을 공동 명의로 저술한다. 이 선언은 1848년 2월에 발표된다. 프루동을 비판하는 《철학의 빈곤》을 출간한다.

30세 파리에서 시작된 혁명이 이탈리아·오스트리아 등 유럽 각국에 파급되자 브뤼셀·파리·쾰른 등지로 다니면서 혁명에 참가하였으나, 각국의 혁명은 좌절되고 두 사람에게는 잇따라 추방령이 내려진다. 같은 해 6월 〈새 라인신문〉을 발행한다.

31세 〈새 라인신문〉에 《임금노동자 자본》을 싣는다.

32세 런던으로 망명하여 정신적 괴로움과 물질적 빈궁 속에서 경제학 연구에 몰두한다.

33세 미국 〈뉴욕 트리뷴〉지의 유럽 통신원으로 활동하며 생계를 꾸려 나간다.

41세 마르크스 경제학 이론에 대한 최초의 저서 《경제학 비판》이 출간된다.

● 1864

46세 〈제1인터내셔널
(국제노동자협회)〉가
런던에서 창설되자
이에 참여한다. 여기서
프루동·라살레·
바쿠닌과 대립하면서
국제노동운동의 발전에
힘쓴다.

● 1865

47세 인터내셔널
위원회에서 《임금·가격
및 이윤》에 대해
강연한다.

● 1867

49세 《자본론》 제1권을
출판한다.

● 1870

52세 프로이센–
프랑스 전쟁에 관한
인터내셔널의 제1, 제2
성명을 쓴다.

● 1871

53세 파리 코뮌이
수립되자 《프랑스
내란》을 써서 코뮌에
바친다.

● 1875

57세 《고타 강령
비판》을 저술한다.

● 1881

63세 부인 예니가
세상을 떠난다.

● 1883

65세 3월 15일,
런던에서 세상을 떠난다.

《자본론》

흔히 노동자의 성서로 불리는 책이다. 그만큼《자본론》에 대한 반응도 극과 극이다. 한편에서는 비난·조롱·무시가, 다른 한편에서는 숭배·신비화가 나타난다. 하지만 정작 전체 내용을 제대로 읽은 사람은 그리 많지 않을 것이다. 세 권으로 이루어진《자본론》을 펼쳐든 순간 내용의 방대함에 압도되기 십상이다. 차분하게 읽어 나가기 시작한다는 것 자체가 상당한 용기와 도전 정신을 요구한다.

분명한 것은 마르크스를 옹호하는 입장이든, 비판하는 입장이든 현대 사회에서 인문학·사회학에 관심을 가진 사람이라면 피해 갈 수 없는 책이라는 점이다. 당시 마르크스가 접할 수 있었던 인류 사회의 모든 지적 발전의 성과물을 고스란히 반영하고 있다. 물론 현대의 관점으로 보면 누락되거나 불명료한 것, 보완되어야 할 점을 발견할 수 있다. 모든 위대한 사상가와 마찬가지로, 마르크스 또한 시대적 제약이라는 한계를 뛰어넘을 수는 없다. 그럼에도《자본론》은 인류 역사의 과거와 현재를 이해하고, 미래를 조망하는 데 무시할 수 없는 위치를 차지하고 있다.

내용은 크게 세 부분으로 이루어져 있다. 제1권에서는 '자본의 생산과정'을 분석하는데, 자본주의의 세포에 해당하는 상품의 분석으로부터 시작해, 생산 과정을 거치며 어떻게 이윤이 창출되는지 그리고 어떻게 자본 축적이 이루어지는지에 관한 가장 기초적인 분석을 한다. 제2권에서는 '자본의 유통과정'을 다루는데, 유통 과정을 거쳐 자본의 회전이 이루어지는 메커니즘을 연구한다. 제3권에서는 '자본주의적 생산의 총 과정'을 종합적으로 고찰한다. 생산 과정과 유통 과정을 통일적으로 파악하면서 생산 영역에서 창출된 이윤이 각 사회 계급 사이에 어떻게 분배되는지 그리고 이 과정에서 자본주의 모순이 어떻게 양산되는지에 대해 분석한다.

《독일 이데올로기》

칸트와 헤겔 등 기존 독일 관념론 철학의 한계를 비판하고, 유물론적 역사관을 체계적으로 쓴 마르크스·엥겔스의 초기 철학 저작이다. 마르크스는 이 저서에 대해 다음과 같이 언급했다. "우리는 독일 철학의 이데올로기에 대립하는 견해를 공동으로 완성하고 우리의 과거 철학적 의식을 사실상 청산하기로 결의했다. 이 결심은 헤겔 이후의 철학을 비판하는 형태로 실행에 옮겨졌다."

특히 한 사회를 구성하는 법률·정치·문화·이데올로기와 경제의 관계를 설정하고, 계급투쟁에 입각한 사회발전을 서술했다. 역사에 대한 관념론적 관점을 비판하고 유물론적 관점을 옹호하고 있다는 점에서 역사적 유물론의 형성 과정 이해에서 매우 중요하다. 특히 사회적 존재가 사회적 의식을 규정한다는 사적 유물론의 주요 명제가 다음과 같이 명확히 공식화된다.

"이념·표상·의식의 생산은 인간의 물질적 활동과 교류 속에, 현실 생활의 언어 속에 직접 연루된다. 인간의 표상과 사유, 정신적 교류는 물질적 행위의 직접적 유출로서 나타난다. 한 민족의 정치·법률·도덕·종교·형이상학 등의 언어 속에 표현되는 정신적 생산에 관해서도 같은 말이 적용된다. 인간은 그들의 표상과 이념의 생산자이지만, 그들은 생산력 및 그에 조응하는 교류의 특정 발전에 조건 지어진 행동하는 인간이다."

《가족, 사적 소유 및 국가의 기원》

북아메리카 원주민 사회를 분석한 모건의《고대사회》에 대해 비판적 평주를 단 마르크스의 원고를 기초로 엥겔스가 보완한 책이다. 서문에서 엥겔스는 이 책이 "고인이 된 나의 친구가 수확하지 못한 열매에 대한 미약한 대용물에 불과하다."라고 말한다. 여기서 '수확하지 못한 열매'가 뜻하는 바는, 자신과 마르크스가 기초를 닦은 역사유물론의 관점에서 고대부터 근대에 이르는 역사 과정을 규명하는 작업이다.

마르크스와 엥겔스가 인류 문명사를 읽는 키워드는, 책의 제목에서도 알 수 있듯이 가족, 사적 소유, 국가다. 다시 말해서 가족과 사적 소유 그리고 국가가 어떻게 형성되었는가, 그 문제점은 무엇인가, 앞으로 어떻게 변화할 것인가 등을 분석한다.

가족은 인류 초기에 집단혼 형태인 군혼에서 출발하여 모권제에 기초하고 언제든 결별이 가능한 대우혼(한 혈족의 형제자매와 다른 혈족의 형제자매가 교차하여서 짝을 짓는 혼인 형식)을 거쳐, 부권제에 기초하고 이혼이 불가능한 일부일처제로 발전한다. 대우혼에서 일부일처제로 이행하면서 남성의 여성 지배가 확립된다. 이런 이행은 원시적 공동 소유가 사적 소유로 전환되는 경제적 과정에 상응한다. 하지만 엄밀히 말하자면, 일부일처제는 여성만의 일부일처제이며, 남성은 매춘 등을 통해 사실상 일부다처제를 유지한다.

사적 소유는 노동 분업의 발전으로 발생한다. 원시 공산주의적 공동체에서는 공동 생산과 공동 분배가 이루어지지만, 노동 분업이 발전하여 생산과 분배의 공동체적 성격이 파괴되고, 생산물의 교환을 목적으로 하는 상품 생산이 지배적이 되면서 사적 소유가 확립된다. 그와 더불어 비생산자와 생산자, 착취 계급과 피착취 계급이 나눠지고, 계급 투쟁이 나타난다. 문명의 기초는 한 계급의 다른 계급에 대한 착취로 형성된다.

국가는 계급 대립을 억제할 필요에서 발생한다. 국가는 계급 투쟁을 완화시키거나 조정해서 사회 질서를 유지하는 권력이며, 따라서 대개 경제적으로 지배적인 계급의 국가이며, 무산 계급에 대해 유산 계급을 지켜 주는 조직이다. 이런 국가의 성격은 보통선거권이 존재하는 현대 대의제 국가에서도 마찬가지이다. 하지만 국가가 사회의 계급적 분열로 발생했듯이, 계급의 소멸과 함께 국가도 소멸한다.

1. 이 책에 등장하는 마르크스 아저씨(이하 마르크스)는 서울에 오기 전, 한국 사회의

   이모저모를 살펴봤지요. 그러면서 한국 경제만 있는 특수한 기업 구조에 관심을

   두게 되었다고 말합니다. 이것을 설명하는 말이 바로 '재벌'이라는 단어인데요.

   마르크스 아저씨는 재벌이 어떤 점에서 다른 나라의 대기업과 다르다고 말하고

   있나요? 또, 재벌의 문제점은 무엇이라고 지적합니까? (1장 참고)

2. 마르크스는 범죄율이 높은 나라의 공통점을 분석하며 두 가지 요인을 언급합니다.

   이 두 가지가 범죄율을 높이는 사회적 원인이라고 말하는데요. 이 두 가지는

   무엇입니까? (2장 참고)

3. 마르크스는 자본가와 노동자의 관계를 '착취'라는 단어로 규정합니다. 기업의

이윤은 노동자의 노동에서 나오는데, 기업이 이 노동에 해당하는 가치만큼

정당하게 임금을 주지 않기 때문에 착취가 발생한다고 설명합니다. 자본주의

사회에서 이러한 착취 행위는 오히려 늘어난다고 지적하는데요. 자본가의 착취

방식으로 어떤 것들이 언급되고 있습니까? (3장, 4장 참고)

4. 마르크스는 기술의 발달 속도가 빨라질수록 기업의 이윤이 감소한다고 말합니다.

그 이유를 마르크스는 어떻게 설명했는지 생각해 보세요. (4장 참고)

5. 자본주의 사회에서 정부가 국민을 바보로 만드는 우민화 정책으로 활용하고 있는 대표적인 수단으로 '3S 정책'이 꼽힙니다. 3S 정책은 무엇을 가리키나요? (5장 참고)

6. 마르크스는 자본주의에 필요한 자본의 축적이 유럽에서 나타난 '인클로저' 운동에서부터 시작되었다고 말합니다. 인클로저에 대해서 간략히 설명해 보세요. (7장 참고)

7. 마르크스는 회사나 공장에서 동작 낭비를 최소화하기 위한 노동자 훈련 방식에

대해 말합니다. 강제와 폭력으로 노동자를 통제하다가 점차 세련된 방식인 의무

교육을 통해 노동자를 훈련시켰다고 말하는데요. 마르크스는 교육이 어떻게

자본주의 체제에서 노동자를 훈련한다고 설명합니까? (7장 참고)

* 읽고 풀기의 PDF는 blog.naver.com/totobook9에서

다운로드 받을 수 있습니다.

1. 일반적으로 대기업은 컴퓨터나 자동차 등 특정한 산업의 한 영역으로 전문화

   되어 있는 반면, 재벌 기업은 가전제품, 백화점, 건설 등 다양한 산업 영역에 걸쳐

   전 방위적으로 진출해 있습니다. 문제는 소수의 재벌 기업이 한국 경제 전체를

   쥐고 흔들면서 상대적으로 경쟁에 취약한 중소기업은 무너지게 된다는 점입니다.

   재벌이 부(副)를 독점함으로써 극소수만 부유하고 대다수는 빈곤에 빠지게 되는

   사회적 양극화를 낳는다고 지적합니다.

2. 빈부 격차와 사회적 차별

3. 노동자의 임금을 줄이거나 정규직을 비정규직으로 대체하는 방식으로

   이루어집니다. 근무 시간 외에 야근이나 주말 근무에 대한 추가 수당을 지급하지

   않는 것도 착취에 해당합니다. 재택근무 또한 세련된 방식의 착취로 활용될 수

   있습니다.

4. 기업의 이윤은 임금으로 지출되는 임금뿐 아니라, 원료나 중간 부품 구입비, 생산

   설비와 같은 고정자본 비용이 들어갑니다. 기술이 발달해 생산설비가 자동화되고

   전산화되면서 그것을 구입하는 데 천문학적인 비용이 들어가게 되지요. 기술이

   빠르게 발전할수록 설비의 교체 주기도 짧아집니다. 마르크스는 이처럼

고정자본에 들어가는 비용이 증가할수록 자연히 기업의 이윤은 줄어들게 된다고

설명합니다.

5. 스포츠 산업, 스크린 산업, 섹스 산업의 세 단어의 앞 글자를 딴 말입니다.

자본주의 사회에서 대중문화는 대체로 이 세 가지 산업의 영향 하에서

발전합니다.

6. 인클로저는 '울타리를 두른다'라는 뜻으로, 이는 지주들이 공유지에 말뚝을 박아

울타리를 쳐서 땅을 개인의 소유로 만드는 과정을 말합니다. 전통 사회의 공유지는

농노에게도 그 사용권이 있었기 때문에 지주가 땅을 함부로 처분할 수 없었지만,

인클로저 이후에 사유화된 땅은 지주가 마음대로 팔거나 소작 농민을 밖으로

내쫓을 수 있었기 때문에 지주와 농민의 빈부 격차는 심해졌습니다.

7. 회사나 공장에서 일하는 노동자의 출퇴근과 업무 시간 일정이, 학교에서 학생이

겪는 하루 일정과 비슷하기 때문입니다. 한 시간 수업 시간에 10분 휴식을

반복함으로써 공장이나 회사에서 필요한 규율을 자연스레 몸으로 습득하게

됩니다. 교칙을 통한 명령과 복종도 업무 규율에 대한 복종으로 이어질 수 있다는

것이 마르크스의 논리입니다.